Biblioteca Universale Rizzoli

# Vittorio Sereni

# IL GRANDE AMICO
## Poesie 1935-1981

Introduzione di Gilberto Lonardi
Commento di Luca Lenzini

POESIA

ISBN 88-17-00215-1

Prima edizione: gennaio 1990
Prima edizione BUR Poesia: giugno 2004

Per conoscere il mondo BUR visita il sito **www.bur.rcslibri.it** e iscriviti
alla nostra newsletter (per ulteriori informazioni: **infopoint@rcs.it**).

# INTRODUZIONE

1. «Ahi troppo tardi, / e nella sera delle umane cose, / acquista oggi chi nasce il moto e il senso.» Si nasce ormai troppo tardi, rispetto al tempo della vitalità e del pieno sentire. E il soggetto, già per questo primo Leopardi, quello della canzone per la sorella Paolina, è per sempre separato, la sua conciliazione col mondo è perduta. Rispetto a questi annunci della modernità, Sereni è, insieme, vicino e lontano. Anche lui ci viene incontro, dopo le prime prove di *Frontiera* (1941), dopo l'esperienza del prigioniero consegnata al *Diario d'Algeria* (1947), come e sempre più non conciliato col proprio tempo: «Non lo amo il mio tempo, non lo amo», dice negli *Strumenti umani* (1965). E anche lui col sentimento di una dolorosa sfasatura tra sé e il *kairós* storico, il momento storicamente giusto. Rigirato in un senso di colpa ignoto a Leopardi, risentito dentro una coscienza storica che ormai segna tutto il soggetto, c'è comunque anche un «troppo tardi» sereniano.

La poesia stessa di Sereni già a partire dal dopoguerra, là dove incominciano *Gli strumenti umani*, ha bisogno del rimorso, quello dello «scolaro attardato» e del sempre in ritardo. Le occasioni in cui si gusta almeno l'ombra della pienezza finiscono esse stesse in «un'onda di rimorso», come per la passione sportiva, nel dopo-partita domenicale o dopo il passaggio della «Mille Miglia» automobilistica. Questo accade all'eroe di Sereni, anche troppo consapevole, anche troppo all'erta. Ma leggiamo ancora negli *Strumenti umani*: «Tardi, anche tu li hai uditi / quei passi che salivano alla morte / indrappellati...». Così si avvia *Nel sonno*. E si chiude tornando a quel senso di perdita, di arrivo in ritardo, per «quei passi di loro tardi uditi». Sono i passi dei partigiani, della resistenza armata, appuntamento mancato. Non resta che il sonno di un'Italia addormentata e «la solitudine, solo orgoglio...». E al chiudersi dell'esperienza di Sereni, ecco, meno esistenzialmente precisato, con un tono di amaro epilogo, il «Se non fosse così tardi» di *Un posto di vacanza*, ora in *Stella variabile* (1981).

Ritrovarla, questa cadenza leopardiana, in Vittorio Sereni, in altra condizione storica, in altra condizione del soggetto, non vuole dire cercare una «fonte», ma piuttosto una più o meno inconsapevole prosecuzione dentro la modernità ormai matura, colma di coscienza storica e, nei suoi abitanti più riflessivi e più disposti all'inermità, di senso di colpa. Ben dentro ormai, diceva con qualche anticipo Fichte, l'età della «compiuta colpevolezza».

È allora la stessa pratica della poesia che entra nel giro della colpa, o, almeno, non può più tranquillamente giustificarsi come «in sé», in quanto tale. Essa appare come la sostituzione, sempre più difettiva, sempre meno istituzionalmente garantita, di qualcos'altro. Questo sospetto nasce pressapoco anch'esso, in Italia, tra Alfieri e Leopardi, e finisce per spostare tutto. Quel qualcos'altro ha vari nomi, pienezza — quella che in Sereni si offre talvolta nella bellezza e vitalità del gesto atletico —, gioventù, la stessa adesione «tempestiva» alla storia nel suo punto essenziale, di svolta. Hegel vedeva la tragedia come conflitto che, nel classico, si impianta proprio su quei punti di svolta storica. A chi arriva troppo tardi — cioè, potremmo aggiungere per estensione, a chi vive nella modernità compiutamente borghese — non può che toccare questa esperienza dell'esclusione dal conflitto. Ma questa sarebbe parsa, penso, una giustificazione troppo comoda all'ethos di Sereni, come anche al suo senso di colpa. Specie il Sereni degli *Strumenti umani* ha vissuto anzitutto come colpa del soggetto — il suo ritardo nei confronti dell'occasione «che c'era» nella storia — quella che a noi appare sempre di più un'inadempienza non anzitutto del soggetto, ma della sua e nostra età: un'età che omologa tutto quanto, sempre più impermeabile proprio alle svolte incardinate sui grandi conflitti cui pensava Hegel quando parlava del tragico premoderno.

Gli resta magari, a Sereni, come un aroma che dura a lungo ma non fino in fondo nella sua poesia, la tenerezza per sé e per gli altri e una ferita che intanto non si cicatrizza, il senso continuo, e per suprema onestà voluto tale, della propria incompletezza. Si possono anche scrivere versi. Ma si fanno per evitarsi un peso, che però torna al prossimo «a capo»: «si fanno versi per scrollare un peso / e passare al seguente». Intanto, ecco magari la colpa, anche nel fare versi, contro la vita: «Si pensa ad essi [ai versi] mentendo / ai trepidi occhi che ti fanno gli auguri / l'ultima sera dell'anno». Dice Franco Fortini, scrivendo appunto di Sereni, che, dopo Rimbaud, la lirica ha smesso di essere un «genere letterario», per diventare una «variante auto-terapeutica». Di dubbio esito, si aggiunga, se qui, scrollato un peso, si passa subito al seguente. Il fare poesia contiene ironicamente qualcosa della dannazione di Sisifo e molto dell'inutilità e frustrazione di quella condanna mitica. Si è comunque alzata di molto la soglia di ammissione al fare poesia, con Sereni. Questa ammissione si fonda su fini e criteri ormai molto concentrati sul soggetto. Se il fine può ridursi a un'auto-terapia sempre ricominciata, il criterio è pressapoco quello della verità e unicità delle cose da testimoniare o da dire. Detto leopardianamente, la poesia può trovare un'ultima stretta via d'uscita come testimonianza dell'«avventura storica» dell'io, della problematica uni-

7

cità-verità di un'esistenza. Magari offerta con quegli accenti dell'inerme che infatti Sereni trova nell'operaio che cita Leopardi in *Una visita in fabbrica*: «Salta su / il più buono e il più inerme, cita: / *E di me si spendea la miglior parte*».

In Sereni, in particolare, diventerà anche più indispensabile che per un Montale che si precisi come sofferenza e inadattabilità quel «primum» esistenziale onde Gianfranco Contini ha visto nascere la poesia montaliana. A loro volta i due migliori e più assidui lettori di Sereni, Fortini e Mengaldo, hanno insistito sul primato accordato nella sua poesia all'esistenza, non certo alla letteratura, non certo a un'idea «orfica» della parola-tutto, come pratica e giustificazione del poetico. Anche questo renderà sempre più impossibile, come un abuso, la «facilità», la «vena» copiosa, dai primi pastelli di *Frontiera* fino a *Stella variabile*. E l'esercizio del tradurre, spesso a sua volta mirabile, sarà magari anche un modo per alleggerire e aggirare, più o meno provvisoriamente, l'ansia stessa della «responsabilità» poetica.


2. Se vogliamo partire da dove Sereni ha concluso, da *Stella variabile*, per guardare all'indietro, ci accorgeremo come si faccia man mano più difficile, in Sereni, l'esistenza stessa della poesia. Riascoltandone la voce tra *Gli strumenti umani* e *Stella variabile*, ci ricordiamo di Emily Dickinson, se anche per lei l'esporsi inerme all'esperienza è unica garanzia di conoscenza vera e se «un cervo ferito — salta più alto». Nell'ultimo Sereni, mentre si fa via via più esigente il senso di colpa e si estende l'orrore dell'inautentico e del male, di cui ormai — ed è un passaggio fondamentale — anche l'io fa parte («parte tu stesso del male»), il diritto alla voce poetica sta sempre più nella ferita, nello spino, nello strazio. Già negli *Strumenti* la gioia è cercata, ricordando l'antico ragazzo di

Sparta, nello strazio. La gioia è allora — e lo spunto può bene trovarlo in Montaigne, vedi il commento di Lenzini — «la volpe rubata che il ragazzo / celava sotto i panni e il fianco gli straziava, / un'arma che si reca con abuso», ma con cui si può perfino costruire la città giusta, gioiosamente socialista, e con cui si può perfino uccidere. Ma se guardiamo in *Stella variabile*, quel tentativo di una visione, diciamo, contrastiva del mondo non c'è più. Non c'è più, per esempio, lo scontro-collaborazione di ferita e gioia. Ecco invece, nella *Malattia dell'olmo*, nell'ultima raccolta, la «puntura del ricordo» e la preghiera a una vita che ormai non c'è più, con la sua tenerezza, accanto al poeta, perché scacci «questo spino molesto / la memoria: / non si sfama mai. // È fatto — mormora in risposta / nell'ultimo chiaro / quell'ombra — adesso dormi, riposa. // Mi hai tolto l'aculeo, non / il suo fuoco — sospiro abbandonandomi a lei / in sogno con lei precipitando già». Resta la fitta, il suo fuoco — «le ravin et l'épine, le feu...» del *Mancino* del suo Char —, morta ogni gioia.

Quel venir meno della visione più, dicevamo all'ingrosso, contrastiva degli *Strumenti umani*, che non c'era prima e non c'è più dopo, può tradursi in un passaggio importante per Sereni: dal *Diario d'Algeria* in poi si attenua fino a sparire la tenerezza per il proprio stesso io — «E tu mia vita salvati se puoi»... «O mia vita, mia vita...» —, e, dopo gli *Strumenti*, scompare il tono di elegia che si accompagna a quella tenerezza narcisistica e cordiale: scompare infatti l'elegia che si accompagnava a quella rappresentazione che dicevamo, di un io difettivo, sempre «in ritardo» o in disguido sul mondo, si trattasse, un po' come in un famoso episodio della *Coscienza* di Svevo, di un funerale, o della storia; di un io sempre inferiore (ma sempre cocciutamente attento) al «fuoco di un dovere» (in *Una visita in fabbrica*).

Come ha fatto, il Sereni più inteso alla rappresentazione per *personae*, quello degli *Strumenti umani*, a salvare insieme l'adulto fuoco del dovere — che almeno negli *Strumenti* si traduce nell'ansia di darsi una legittimità ideologica — e l'elegiaca mira a quanto c'è in lui, o nel suo personaggio, di «puerile», di incompleto, di trattenuto dall'intangibile mondo infantile, dal suo andare, sempre, «per farfalle / e per baratri...» (come aggiungerà ormai più tardi, in *Di taglio e cucito*)?

Sereni ha, appunto, inscenato, in alcune grandi poesie degli *Strumenti*, questa stessa divisione dell'io, per sanarla. E così un'ombra, o meglio una presenza vuota, un «materiale» riflesso dell'io — una donna amata in *Appuntamento a ora insolita*, o il padre nel *Muro*, o la nonna in *Ancora sulla strada di Zenna* — è incaricata, in modi sempre cangianti, ma dentro, specie negli ultimi due casi, una stessa simbolica del dialogo tra *senex* e *puer*, di smascherare *ridendo* qualcosa che il soggetto nasconde, maschera nelle sue contraddizioni. Questi riflessi dell'io si muovono nell'immanenza. Non «mediano» verso alcunché, tanto meno verso un'ipotesi almeno del divino, come invece succede, con una più accorta pratica di autoprotezione chiesta all'ambiguità stessa del poetico, nel Montale dialogante con l'Angelicata, con Clizia, tra *Occasioni* e *Bufera*. No, si veda come il padre parli semmai secondo una specie di nichilismo ridente, il più possibile ormai senza pathos, e forse anche per questo sulla scia della grande saggezza che arriva da un autore al quale solo l'ultimo Sereni ci conduce dichiaratamente: da Montaigne. Nel *Muro* il padre sana del figlio «puerile» una specie di narcisismo della *pietas* filiale, che è però ambigua, inquinata auto-compassione. È così che intanto Sereni salvava, negli *Strumenti umani*, proprio inscenandola in un suo alto metafisico teatro, insieme l'elegia del soggetto *puer* (quello, osserva Hillman, che ha sempre una ferita, dall'antico in poi, e col tempo ha sempre il rapporto del cacciatore di farfalle) e il discorso adulto, pronunciato intanto, osserva Pier Vincenzo Mengaldo, con meravigliosa naturalezza di voce, in una lingua superbamente ricca di escursioni e livelli, in inventivo contrappunto, come ha sottolineato Dante Isella, con la prosa e il parlato. E, col discorso adulto, si salva la didassi di alcuni grandi veri.

Ma in *Stella variabile* questo inscenamento, di lontano sfondo dantesco-montaliano, cede la sua stessa obliquità e capacità di polarizzazione, e tutto o quasi vi si dice in linea retta, o per precipitazione immediata. Mentre l'io si scopre «rifiuto dei rifiuti», si eclissa la voce del *puer*, e resta il nudo battere e accanirsi del *senex*, punitore di se stesso e delle delusioni stesse della storia e del presente, nel rovesciarsi del mondo. Ecco infatti il rovesciarsi del tempo, con viaggi e percorsi che procedono all'inverso, coi «nati per perdere» che «fuori tempo massimo / pedalano all'indietro». O con la mano, la mano della madre mai prima espressamente nominata, che sboccia «a ritroso» da una parete d'argilla «lungo la trafila / dei morti». Ed ecco l'imporsi del *vuoto*, parola ritornante spesso in *Stella variabile* e che chiude *Autostrada della Cisa*: «Ancora non lo sai / — sibila nel frastuono delle volte / la sibilla, quella / che sempre più ha voglia di morire — / non lo sospetti ancora / che di tutti i colori il più forte / il più indelebile / è il colore del vuoto?».


3. Almeno per certi aspetti, insomma, il pianeta della poesia sereniana ha percorso, tra pieni anni Trenta e 1981, un movimento su se stesso abbastanza ampio da mostrarci l'«altra faccia», rispetto al punto di partenza. Solo se accettiamo davvero di guardare anche a quest'«altra faccia» Sereni ci risulterà fino in fondo dentro la nostra stessa storia e dentro la storia della tarda modernità, se l'arte di quest'ultima è per gran parte incamminata, insieme, verso la perdita della «seduzione» e verso il lungo compiersi della propria sparizione.

Può darci un'idea di questo movimento su sé il rovesciarsi di un tema portante come quello del viaggio. Prima, molto prima di quel colmarsi dell'angoscia e del grottesco rovesciamento nell'andare indietro, come nei più brutti sogni, il viaggio poteva perfino confondersi con quello di un angelo che concilia tenerezza, riguardo, cortesia, madrigale per una figura di donna con il segno di un proprio leggero, incantevole narcisismo. E così il Sereni viaggiatore ritrovava gli accenti dell'angelo annunciatore a Maria, come nel Vangelo di Luca: «Non ti turbi il frastuono / che irrompe con me nel tuo quieto mattino / [...]: non ti turbi...», canta il poeta giovane *a M. L. sorvolando in rapido la sua città*. E Luca, 1, 29-30: Maria «turbata est in sermone eius et cogitabat qualis esset ista salutatio. Et ait angelus ei: Ne timeas...». Ma gli ultimi viaggi saranno senza referente o quasi, solipsismi consumati in autostrada o in aereo. E dal volo dell'angelo si passerà a immagini di chiuso retrocedere in un corridoio, o lungo una parete d'argilla.

Quell'io di una volta era padrone del mondo, là dove quel mondo a sua volta lo occupavano le città i borghi le comitive gli amici, il ritorno «sugli anni» di un sorriso, in «Ecco le voci cadono...». C'era insomma, da parte dell'io, una intera agibilità dello spazio e del tempo, fino a «rasentare l'Eliso», benché su prati di cenere, nei luoghi alto-lombardi (*Strada di Zenna*) della propria mitologia infantile, o fino magari a muoversi senza conflitto nell'aldilà del tempo, se era possibile un «trepido vivere *nei* morti» — anche se l'isolamento e il «notturno orrore» sono già prossimi (vedi *Strada di Creva*, ancora in *Frontiera*). Da qui la possibilità dell'io di identificarsi con gli altri, possibilità che giunge almeno a lambire il *Diario d'Algeria*. Certo nel mirabile *Diario* la prigionia come resa e limbo («io sono morto / alla guerra e alla pace»), come prefigurazione di un ritardo «per sempre» sulla storia e della perennità metastorica dello stato stesso del prigioniero, e poi la puntura della memoria, e l'auto-ascolto come condizione della forma stessa poetica, imprimono una svolta decisiva al percorso di Sereni. Ma si veda proprio nel *Diario* l'identificazione con una figura di prima giovinezza come quella del piccolo greco Dimitrios, «arguto mulinello / [...]: appena / vivo sussulto di me, della mia vita». La grazia può ancora offrirsi da una auto-identificazione che pure garantisce al sé solo un «appena / vivo sussulto». Invece proprio in *Stella variabile* quell'antico ma allora paradossalmente dialogico ascoltarsi («Quante cose» osserva Mengaldo «ha insegnato a Sereni l'auto-auscultazione forzata del campo di prigionia»: e vedi ora le prose raccolte in *Senza l'onore delle armi*) si fa quasi sempre monologante e tragico. E ogni autoidentificazione di quel tipo, per un io ormai inviso a se stesso, sempre più contro se stesso armato (come in *Paura seconda*), e davvero prigioniero, ora, di un mondo sempre più visto, anche con ira e rabbia, come degradato e senza fini, risulta impossibile, svanito ogni margine narcisistico e storico di salvezza.

Ma non si creda con questo che, proprio a tenersi come punto d'osservazione anzitutto *Stella variabile*, quel *vuoto* che lì si impone non abbia i suoi precedenti nel farsi della poesia di Sereni. Ci sono anzi alcune, diciamo, predisposizioni iniziali, alcuni, detti un po' kantianamente, *a-priori formali*, che attendono di investirsi di quel vuoto, di quelle assenze e di quei vuoti di sostanza, e per così dire ne precedono l'imporsi. E d'altra parte non si creda neppure che quel *vuoto* non abbia i suoi orli, certo sempre più ridotti e sommersi, da cui ritornano i sussurri di quanto in Sereni si cancella, man mano che si procede verso i suoi *novissima*. Per parlarne, bisognerà d'ora in poi insistere meno su certi aspetti di trasformazione e diacronia, e più su alcuni altri di persistenza, dentro il mondo poetico di Sereni.

4. Se la comprensione cresce anche per confronti, ebbene, il confronto con altri compagni di strada — magari il confronto con certi loro aspetti di «pienezza» — svela appunto buchi e assenze in Sereni. Guardiamo per esempio alle ragioni metriche di Giorgio Caproni. Pensiamo a quelle del decennio 1944-54, il decennio dei suoi sonetti «di guerra», o della «disperata tensione metrica» delle *Stanze della funicolare* (1952). Per quel decennio, che è quello in cui intanto Sereni avvia *Gli strumenti umani*, Caproni ha visto quella sua «disperata tensione metrica» come un «*tetto* [corsivo suo] all'intima dissoluzione» di tutto un mondo. Ma proprio a questa pur niente affatto elegiaca maternità della poesia come tetto, come casa, come ultima protezione, che a sua volta andrebbe accostata ad altri segni di una poesia intesa a lungo da Caproni, e forse tuttora, come gioioso quanto «irreligioso» affrancamento del sé nel ri-possesso del materno, Sereni è estraneo. Anzi, ed ecco un senso di questa assenza di una metrica-tetto (come si possono fare sonetti nel nostro tempo? — vedi la testimonianza personale di Mengaldo), la sua poesia evita più che può — cioè per quanto glielo concedono i ritorni di ciò che il suo autore sposta, mette in parentesi, rimuove — la consolazione materna. Abbiamo già detto che semmai spetta all'ombra del padre offrire una via di salute al figlio: ma per una via il più possibile «virile», senza pathos, nel rasserenamento. E potremmo anzi dire che la poesia sempre più senza canto di Sereni è un progressivo inoltrarsi nel discorso «al maschile» della poesia.

Altro divieto, quello al dirsi in scrittura della propria intimità più segnata dalla madre, cioè della propria infanzia e prima giovinezza. Molto chiaro un passo degli *Immediati dintorni* (1959):

L'infanzia non ho motivo di rievocarla proprio perché nell'insieme è stata felice, capitolo a sé stante, che non richiede celebrazioni, patrimonio intatto e intangibile.

Un «patrimonio intatto e intangibile». Ci sono zone proibite, di non accesso alla scrittura. Il *verbum* non essendo affatto *in principio*, non ha affatto diritto di occupazione totale dell'esistere. Dunque neanche da qui passa quella totalità che il soggetto stesso incompleto non consente. Nessuna abilitazione — così fondante, invece, nei suoi pressi generazionali, per Andrea Zanzotto, più giovane di sette anni — alla regressione, che in Zanzotto investe sia il privato materno fino al dialetto e anzi al pre-linguaggio, sia lo storico, quello per esempio delle forme metriche le più storiche, onde per esempio la riapparizione «barocca» del sonetto nel *Galateo in bosco*. Non ci sarà una via larga e diretta al materno, in Sereni, ma sì un ritorno di esso per vie traverse, di sbieco: per esempio, per la via dei nomi. I nomi della propria geografia «materna», da certi titoli, già in *Frontiera* (mettiamo, *Inverno a Luino*, *Strada di Zenna*) fino agli *Strumenti* («nomi estatici: Creva / Germignaga Voldomino la / Trebedora...»), fino, ma ormai eccezionalmente, all'intero verso aspro-dolce che, in *Stella variabile*, chiude *Luino-Luvino*: «Valtravaglia Runo Dumenza Agra».

Ma prendiamone ancora un'altra, di queste esclusioni «dirette», e noteremo come essa ci riporti a un'altra forma di omissione, non della presenza, anche tenera, del *tu* femminile (nei cui confronti, comunque, Fortini constatava per *Gli strumenti umani* «una sempre più irritata duplicità di amore e odio»), ma di omissione di un valore fondante, totalizzante, macro-formale, del Femminile. Penso qui alla sostanziale assenza, lungo la storia della poesia sereniana, di un canzoniere. Non basta a contraddirla il drappello dei *Versi a Proserpina*, ora dentro *Frontiera*, né basta quel *tu* d'esordio degli *Strumenti umani*, «Non con altri che con te / è il colloquio», che pure è una nota che con grande semplicità e intensità avvia a una specie rara della poesia, una poesia dell'ascolto, che da lì rispunta fino a Niccolò, ormai in *Stella va-*

*riabile*. Certo questa assenza di un canzoniere va insieme con la costruzione tendenzialmente aperta — che non vuole dire casuale — di ogni raccolta di Sereni, costruzione che la pur sobria tendenza allo smistamento di poesie da una ad altra delle prime raccolte in parte comprova.


5. Ma per guardare più dentro: l'assenza di una forma-canzoniere comporta l'estraneità — in una poesia che pure gioca in modo straordinario alcune delle sue carte sul dialogato — l'estraneità a un dialogo continuo, fondante, ontologico col Femminile. C'è un *tu* femminile, ma non gli spettano diritti maggiori che ai vari *tu* — di grandi personificazioni («Europa Europa che mi guardi / scendere inerme...»), di ignoti che toccano la spalla e svaniscono nel sogno — e *tu* di amici, di morti, di doppi dell'*io* che appaiono e scompaiono nella poesia di Sereni. Questo vuole l'a-petrarchismo di ogni assetto a «diario». E questo ha perlomeno riappreso anche da Sereni il Montale ultimo, il Montale diarista in poesia. Ma proprio qui mi pare che non certo Montale, tra i grandi riferimenti di un Novecento classico italiano, e neanche Ungaretti, ma anzitutto il più dimenticato, e cioè Cardarelli, risulti tanto laicamente deciso in questa direzione. Il che allora potrà spiegare meglio il ritorno in entrambi — ritorno anche diaristico — dell'attenzione (costante nel primo Sereni) ai mesi e alle stagioni.

Quanto al rapporto di Sereni con Montale, ricordiamo appunto che c'è anche un rapporto di Montale con Sereni. Che, cioè, la partita è a scambio unico, da Montale a Sereni, solo fin verso gli anni Sessanta, con insistiti recuperi di lessico e anche di partitura su cui ora è tornato Dante Isella, e con preferenze abbastanza insistite per certe poesie montaliane, come *Barche sulla Marna*, o come la *Ballata scritta in una clinica*, attiva perfino sulla prosa diaristica di Sereni. Ma poi, ecco la prevalente attenzione di Montale verso Sereni, sia quello del *Diario d'Algeria* — la musica «povera», «mia sola musica», di «Non sa più nulla, è alto sulle ali...» per *La mia Musa* del Montale anni Settanta —, sia quello degli *Strumenti*, che Montale chiama atonale e poeta «sul rovescio». Tanto almeno occorreva dire per situarsi poi a un fondamentale punto di divergenza tra i due, e ancora sul versante delle assenze in Sereni. In Montale si dà un grande disegno, perseguito per venticinque anni, da *Finisterre* a *Xenia*, di ricostituzione, se non del canzoniere classico, della «forma» della Mediazione femminile, forma di pienezza «romanza», che colma opere supreme come la *Vita nuova* o come i *Rerum vulgarium fragmenta*: esempi certo difformi tra loro, ma fondati entrambi su un'ontologia del Femminile come salvezza.

Questa forma era ben altro che solo letteraria, era anche mitica, simbolica, perfino teologica. Montale traduceva questa forma al moderno, per un più o meno credibile e creduto dialogo con l'Altrove. Così, per l'antica finzione dell'Angelicata passano tutte le attese ontologiche che l'io si nega. Le sonde sono, per la via della Mediatrice, verso l'Essenza, si tratti di chiedere a Clizia il sacrificio e la sublimazione, o si tratti di Mosca, nei ventotto lunari, mensili madrigali «in morte» per lei, la moglie, e dentro i quali Clizia da Artemide trasmigratrice e luminosa figlia del sole si trasforma in Ecate notturna.

Ma in Montale non esiste affatto la forte componente personale e storica di «pensiero della colpa» che c'è in Sereni — col che anzi Sereni costruisce una specie di distanza classica per Montale. Lo sappiamo, in Sereni il personaggio sbanda, tradisce (*Nella neve*: «Sbandavo, tradivo ancora una volta»), l'anima stessa può essere «una fitta di rimorso» (*Intervista a un suicida*). Perché possano coltivarsi i «rimorsi e pensieri di colpa» di questo eroe senza requie, «sempre in ritardo» — e una specie di riflesso della sua donna può, pur affettuosamente, ridere di lui, un'ombra può rimbrottarlo, un ringhiante guardiano del transito può kafkianamente bloccarlo in un «processo» infinito sul ponte, in *Un sogno*... — occorre che non ci siano scappatoie, quelle magari che la stessa ambiguità del letterario può concedere. In particolare, occorre che non spunti, in ambigua uscita dall'immanenza, una figura che si assuma un qualche peso per conto del soggetto, una figura di espiazione o di riscatto, o di *pari* ontologico, di scommessa su un Altrove.

Per questo il «pensiero della colpa» e l'assenza di una vera Mediatrice fanno tutt'uno in Sereni, che pure è così attento, da quasi subito, a Montale. Se la Donna è misteriosamente partecipe della potenza, della pienezza, dell'Essere, rinunciarvi come a tramite cardinale significherà che non si vuole, non si può giovarsi dell'ambiguità stessa della *finzione* poetica per un compenso più o meno dichiaratamente trascendentale, per un alibi ontologico, una maschera della debolezza e incompletezza dell'io.

6. È allora agli orli del *vuoto* che occorre cercare, nel maturo e tardo Sereni, le tracce, appena le tracce, della pienezza. Ma tracce di un'intensità struggente anche perché sono troppi i buchi e le assenze al centro, mentre l'io stesso progressivamente si sminuisce, fino a un ultimo incrudelire su se stesso o sul proprio personaggio. Lo stesso Sereni, in un paio di casi, finisce per mettere il dito, negli *Immediati dintorni*, su altri vuoti o diffidenze operative del suo costruire la propria poesia, anche se lo fa indirettamente — e così, magari per taciuto contrasto, finisce anche per indicarne le risorse praticabili, diciamo *piene*.

Ricominciamo da dove il discorso finiva, cioè da *Autostrada della Cisa*. La Cisa non è Creva o Luino. Anzi non è neanche un paese, è un passo — un punto, un altro, di «passaggio», come altrove un ponte o una foce.

Perché, insomma, si dia questa enunciazione infine «pura» del vuoto — e per esempio non più dentro un onirico teatro d'ombre, come supremamente negli *Strumenti* — occorre intanto che Sereni si strappi dalla protezione materna dei luoghi più suoi, quelli dell'alta Lombardia del Lago Maggiore e della frontiera, quei luoghi che ormai tende ad evitare, in *Stella variabile*, mentre prima tornavano e ritornavano nella sua poesia. E poi occorre anche che si sciolga una costellazione di poche ma tenaci sostanze raccoltesi pian piano intorno al motivo, ben noto ai lettori, del viaggiatore, prima in treno, poi — il militare Sereni — in tradotta, poi in automobile. All'avvio, questa costellazione contiene, nei suoi momenti di maggiore strutturazione, — primo — un io *osservatore* in movimento, — secondo — un *paesaggio* che per ora è una città e poi sarà spesso appunto la campagna non lontana dalla nativa Luino, e — terzo — la presenza degli *alberi*. Ecco, nel *Diario d'Algeria*, *Città di notte*: «inquieto nella tradotta [...] mi tendo alle tue luci sinistre / nel sospiro degli alberi». Interferenza molto probabile, Cardarelli, *Paesaggio notturno*: «Giace lassù la mia infanzia. / Lassù su quella collina / ch'io riveggo di notte, / passando in ferrovia, / segnata da vive luci...». Succeduta, al treno, l'automobile — e si pensi allora all'Apollinaire di *Petite auto*, tradotta da Sereni — le piante tornano in *Ancora sulla strada di Zenna*, piante antropomorfiche, alludenti al vuoto che sottostà alla ripetizione di vite aggiogate alla necessità. C'è chi banalizza e interpreta diversamente, ma qui tutto il contesto fa capire che appartengono proprio e solo alle piante «quelle agitate braccia che presto ricadranno / quelle inutilmente fresche mani / che si tendono a me e il privilegio / del moto mi rinfacciano». In Walter Benjamin la natura vegetale dolora perché non ha la parola, qui rinfaccia all'uomo il privilegio del moto. Ed ecco allora «la lenza del tempo» che pesca nel *vuoto* in questa stessa poesia, che è negli *Stru-*

*menti umani*. O, nel riproporsi singolarmente simile della costellazione di cui sto parlando, ecco, in *Intervista a un suicida*, le «forme del *vuoto*» che invade la vita di «un uomo di paese», appunto il suicida; o la nonna, i suoi «quanti anni di *vuoto* appena dopo» (l'amore)...

Ma visti i tanti alberi, torniamo agli *Immediati dintorni*. Osserva Sereni che se quella animale è una metaforicità di ricorso frequente, diretta, affettiva, facilmente psicologizzante perché a contatto ravvicinato con l'umano, invece il discorso arboreo «punta alla sostanza e alle essenze, alle strutture, all'essere e al divenire», e si svolge insieme autonomo e parallelo alla nostra esistenza. Le essenze, l'essere. Non è davvero poco. Proprio quello che in Sereni non si cerca per mediazione diretta, di una Beatrice o di una Clizia. Ma eccone qui — come per altri casi, per esempio nel ritorno del materno per la via sbieca dei *nomi* della più gelosa geografia domestica — eccone qui ancora il riflesso per vie oblique, seminascoste: ricorrendo appunto all'arboreo, al vegetale senza voce e senza moto.

È sullo sfondo di un discorso non di analogia *da vicino*, come consentono gli animali, ma di allusione *da lontano* insieme autonoma e parallela all'esperienza umana, da un lontano in cui trova un ultimo rifugio il numinoso o il materno taciuto direttamente (o, in *Stella variabile*, una sola volta accennato, dentro lo stravolgersi del mondo) che va ascoltata la «voce» delle piante in Sereni. E in *Niccolò*, ormai 1971: «Sospesa ogni ricerca, / i nomi si ritirano dietro le cose / e dicono no dicono no gli oleandri / mossi dal venticello»: dove ancora spuntano queste tracce di animismo, non scordando l'antica, sacra natura femminile e materna delle piante, mentre altrove ricompare un altro aspetto di una *religio* arcaica o antica, ma anche delle nostre campagne, quella che vuole che nelle piante si ripari il genio o lo spirito dei morti. E penso allora a questi stessi oleandri di *Niccolò*, o prima al padre edipico del *Muro* e ai morti che «animano le foglie» e scagliano fronde, mentre il padre dice il suo vero al figlio «con polvere e foglie di tutto il muro», quello del cimitero di Luino, nella bufera incipiente.

Sempre negli *Immediati dintorni*, Sereni aggiunge che quella delle piante «è un'ipotesi che si sviluppa *diversamente* rispetto a un'origine *comune*, che tende ad altro sogna altro gesticola altro s'inquieta di altro, ma in modo tanto più semplice, netto, lineare». È proprio per questo loro parlare dell'uomo, ma contenendolo da un'alterità più semplice, più netta, che in Sereni dura molto a lungo, anche se non fino in fondo, la possibilità di difendere, ma da quel *lontano*, la partecipazione al mondo degli uomini, la stessa discretissima allusione alle *essenze*.

7. Se poco sopra guardavamo a una specie di periferia biologica, eccoci ora a una specie di *lontano* storico e perfino mitico, anch'esso riconoscibile in opposizione a un'assenza, in *contrappeso*, direbbe lo stesso Sereni, a qualcos'altro — e il qualcos'altro sarà ancora la, diciamo, predicazione continuata dell'eros in poesia.

Non sarà un caso che ancora negli *Immediati dintorni* alcune pagine sui poeti e sui narratori d'amore siano precedute da un breve appunto di elogio dell'*amicizia*. Dell'amicizia come, dice Sereni, *contrappeso* e *rimedio*, come *ordine* nei confronti della confusione e dello smarrimento per il mutare e il sottrarsi delle cose. Dopo questo appunto, si leggano le pagine *per un poeta d'amore*, ed eccoci al rifiuto non certo della poesia d'amore, ma di una poesia d'amore diciamo così continuata. Insomma, il discorso riporta lì, al rifiuto del canzoniere amoroso, accusato infatti di logoramento e di minorità adolescenziale, impostato com'è «sulla natura ossessiva» di un'«alienazione a due». Non sarà un caso che Ruggero Bonghi attribuisse a Manzoni, illustre e perfino ironizzabile precedente lombardo di un andarci cauti con l'eros in scrittura, un simile senso di fastidio («il sentimento [...] della seccaggine e della impossibilità del vivere segregati persino con una innamorata, è stato sempre il suo»). Ma c'erano altre premesse. E qui viene da chiedersi quanto anche per questo conti un autore come Montaigne. In particolare quello del XXVIII capitolo degli *Essais*, vera e propria apologia dell'amicizia per lo scomparso La Boétie.

Anche per Montaigne l'amicizia è una sorta di ordine imposto al fluire mutevole dell'esistenza, al suo stesso disordine, dentro quella vita che, in altro famoso capitolo, il III del libro III (lo cito nella versione di Fausta Garavini), è «un movimento ineguale, irregolare e multiforme». Come il tempo, che è «cosa mobile [...] con la materia sempre scorrente e fluttuante» (II, xII). Ma «la vita mutevole e fluttuante» è appunto l'epigrafe che Sereni estrae da Montaigne per trascriverla sulla bandella di sovracoperta di *Stella variabile*. E la confusione dei tempi, molto predicata in *Stella variabile* secondo una linea da fine del tempo, e che anche per questo fa dell'ultima raccolta poetica la raccolta *novissima* di Sereni, discenderà anche da questa idea del tempo ritrovata in Montaigne? Certo Sereni è in sintonia con questa idea dell'esistere quando, nel *Posto di vacanza*, IV, si definisce «custode non d'anni ma di attimi». Vedi questa volta i *Saggi*, III, II (*Del pentirsi*): «Io non posso fissare il mio oggetto. Esso procede incerto e vacillante [...] Non descrivo l'essere. Descrivo il passaggio: non un passaggio da un'età a un'altra, o [...] di sette in sette anni, ma di giorno in giorno, di minuto in minuto». In realtà è profondo il segno di Montaigne sul Sereni maturo, se lo stesso «vuoto ontologico», di cui ha parlato a suo proposito recentemente Starobinski, è per Montaigne non un luogo da cui fuggire per una pienezza che è radicalmente altra («non abbiamo alcuna comunicazione con l'essere», II, III), ma una meta del possesso di sé nel *passaggio*. Si tratterebbe di vedere quanto abbia contato la mediazione dell'amico Sergio Solmi, l'autore fra l'altro del saggio sulla *Salute di Montaigne*. Ma più in generale Montaigne serve anche a ricordarci, e a ricordare a lettori troppo «letterati», come, con Sereni, risulti facilmente sfasato ogni discorso che insista troppo e solo sulle ascendenze poetiche.

Un po' come per La Boétie, che scriveva in latino le sue poesie d'amicizia — e riservava alle dame il francese —, i ricordi classici latini tendono a ispessire il proprio filo quando, tra *Strumenti* e *Stella*, spuntino certe alte prove del discorso di amicizia in Sereni. Il mito di un «grande amico» che «largo rida ove io sorrida appena» ricalca, magari per il tramite petrarchesco, anzitutto (vedi anche l'anticipo dell'aggettivo in uso avverbiale) il «dulce ridentem Lalagen amabo» dei *Carmina* oraziani, I, xxii. Per gli oleandri che «dicono no, dicono no», il gesto antropomorfico discende, per il tramite carducciano (i cipressi di Bòlgheri, che bisbigliano «co'l capo chino» verso il poeta, anche lui viaggiatore) da ricordi presumibilmente antichi, per esempio il *nutus* delle querce nell'*Eneide*. L'invocazione all'amico, all'ombra di Niccolò, perché resti — «Resta dunque con me, qui ti piace, / e ascoltami, come sai» —, da un lato ricalca un verbo e un vocativo (anch'essi dal *Davanti San Guido* carducciano) già prestati all'amicizia, in *Anni dopo*, ancora in chiusa di poesia, «e tu resta e difendici amicizia», dall'altro rende più esplicita e struggente la preghiera di restare che i personaggi dell'epica antica rivolgono alle ombre (come Enea quando deve separarsi dall'ombra di Creusa e lei lo lascia «multa volentem / dicere», *Aen*. II, 790-91). Sempre in *Niccolò*, «Non servirà cercarti sulle spiagge ulteriori / lungo tutta la costiera spingendoci a quella / detta dei Morti...», dove le *spiagge ulteriori* condensano *harena* (la *spiaggia* da cui Caronte allontana le ombre in *Aen*. VI, 316) e il *ripae ulterioris* (*amore*) che immediatamente precede, VI, 314.

Mengaldo ha parlato, nel suo bellissimo *Ricordo*, dell'«anamnesi inaspettata» del latino virgiliano nella poesia di Sereni. Forse queste pezze d'appoggio non bastano, ma il sospetto è che, nel discorso d'amicizia, i mormorii della pienezza e del pathos e della cortesia chiedano l'eco latina proprio in omaggio all'antico, al lontano, come luogo per eccellenza di fioritura dell'amicizia esemplare, ma in quanto tale al di qua di ogni totalizzante scommessa ontologica sulla centralità dell'eros.

8. C'è, nelle *Letture preliminari*, una recensione a Solmi poeta in cui è dato cogliere nettamente fin dove arrivi — con un autobiografismo insieme segreto e trasparente — sia la percezione da parte di Sereni di una comune base, per sé e per l'amico Solmi, di partenza diciamo così psicologico-storica, sia poi e ancora più della profonda divaricazione tra due gnoseologie. Certo Solmi può apparire come il doppio di Sereni, o se si vuole un suo personaggio fuori-poesia, quando questi parla, per lui, di «esitazione esistenziale», di «rimorso per una tradita vocazione vitale», per un «coraggio non avuto fino in fondo». Ma poi ecco che di contro c'è in Solmi, secondo il suo recensore, l'esemplare ricerca di un *contrappeso*, quell'atteggiamento della grande tradizione che cerca contro la confusione e la scontentezza il *rimedio* dei *grandi canoni*. È al rimedio dei grandi canoni che Solmi ricorre, nella «personale inadattabilità», dice sempre Sereni «e quasi inettitudine alla vita impetuosa e fuggevole». Si sarà notata qui in fondo la criptocitazione da Montaigne, quasi identica poi nella bandella per *Stella variabile*. Omaggio dunque all'amico montaignista; ma per l'allusione a Montaigne passa anzitutto un'indicazione di distanza comportamentale proprio di Solmi nei confronti dello stesso pur tanto cercato magistero di Montaigne, ben più deciso ad accettare così com'è l'in-

stabilità stessa del vivere e anzi ad educarsi ad essa. Intanto, Sereni separa qui nettamente, a sua volta, la propria scelta esistenziale come la propria fisionomia poetica da quella di Solmi: quando, sempre in questa recensione, Sereni ricorda con i versi dello stesso Solmi come, per Solmi poeta, esista sin dall'infanzia la «vista della *luna*» come «*punto fermo* opposto all'insensata fantasia delle forme» dell'esistente [corsivi miei], noi scorgiamo come per esempio la stessa attenzione a Leopardi di Sereni sia ben altra cosa dalla fiducia «continuativa» di Solmi, e anche più chiaramente vediamo spuntare e già prendere figura, ma dall'altra parte del cielo rispetto al *punto fermo* della *luna* di Solmi, la *stella variabile* dell'esperienza umana e poetica di Sereni.

GILBERTO LONARDI

## NOTIZIA BIOGRAFICA

Vittorio Sereni nacque il 27 luglio 1913 a Luino, sul Lago Maggiore. Dai 12 anni fino al 1933 fu a Brescia, dove era stato trasferito il padre (funzionario delle Dogane), e dove compì gli studi. Quindi ha vissuto a Milano, laureandosi in lettere nel 1936 con una tesi su Guido Gozzano. Tra i compagni di studi si ricordano Antonia Pozzi, Enzo Paci, Luciano Anceschi, Raffaele De Grada, Remo Cantoni; tra le amicizie dell'ambiente letterario particolare importanza rivestono quelle di Giansiro Ferrata, Carlo Bo, Sergio Solmi, Alberto Vigevani, Vasco Pratolini, Attilio Bertolucci, Mario Luzi, Alessandro Parronchi, Giancarlo Vigorelli, Elio Vittorini, con i quali intrattenne rapporti lungo tutto l'arco dell'esistenza. Tra gli insegnanti universitari va inoltre ricordato Antonio Banfi, la cui lezione rimase per Sereni un punto di riferimento. Fu tra i fondatori di «Corrente», di cui fu anche redattore insieme a Del Bo, Lattuada, De Grada, Treccani; e collaborò a «Frontespizio», «Campo di Marte», «Letteratura». Dopo aver insegnato brevemente a Modena ed essersi sposato con Maria Luisa Bonfanti, nel 1941 fu assegnato, come ufficiale di fanteria, al reparto «Pistoia», destinato al fronte africano settentrionale; di quell'anno è anche la prima raccolta di versi (*Frontiera*). Giunto ad Atene, dovette però rientrare in Italia e nel luglio 1943 fu fatto prigioniero dagli alleati a Paceco, presso Trapani. Da lì venne internato per circa due anni nei campi di prigionia dell'Algeria e del Marocco. Rimpatriò nell'estate del 1945. Dopo aver ripreso l'insegnamento in un Liceo milanese, nel 1952 s'impiegò all'Ufficio Stampa della Pirelli. Di quegli anni è la collaborazione a «Milano sera» (1950-51) e alla «Rassegna d'Italia». Dal 1958 sino alla pensione lavorò alla Mondadori, di cui fu direttore letterario. Insieme a Geno Pampaloni, Niccolò Gallo, Dante Isella fu condirettore di «Questo e altro» (1962-64). Si spense a Milano nel 1983.

# ANTOLOGIA DELLA CRITICA

I. TRE POESIE A VITTORIO SERENI

Ho rispettato la quiete
del tuo studio. Erano là
a fissarmi i tuoi occhi.
Li vedevo assorti nel lavoro
ardere dietro un apparente
velo di tristezza... Dietro, era la gioia.
E i miei si chiusero. Non una
di queste cose mi seguì, nel breve
viaggio che feci verso le ombre,
non una, ma, ricordo, strane immagini
d'abbandono, e pensieri
importuni che venivano a riprendermi.
Dopo filtrò più luce, ed era ancora
Milano, la tua stanza,
l'Italia che mai più grande e leggera
è di quando risale
a Lecco per le valli, e io mi dicevo:
si slargherà il suo cielo
su noi e sempre più lievi ombre saremo
al suo perpetuo schiarire.

[A. Parronchi, *A Vittorio* (da *Occhi sul presente*, 1948).]

Sereni esile mito
filo di fedeltà
non sempre giovinezza è verità
un'altra gioventù giunge con gli anni
c'è un seguito alla tua perplessa musica...

Chiedi perdono alle 'schiere dei bruti'
se vuoi uscirne. Lascia il giuoco stanco
e sanguinoso, di modestia e orgoglio.
Rischia l'anima. Strappalo, quel foglio
bianco che tieni in mano.

[F. Fortini (1954).]


Vittorio,
Amigo mio,
Calma el to cuor.

No' perderte
Par 'na dona che passa.
I so basi te resta.

E no' perderte, Vittorio,
Par 'na dona che resta.
I so basi va via.

Lo so, lo so, che intanto el tempo vola
E ch'el ne lassa
Veci
Su la porta de casa!

Ma no' importa, Vittorio,
No' importa, proprio.
El tempo gira
In tondo.

El tornerà a trovarne:
E torneremo,
Zoveni,
A far el giro del mondo.

[G. Noventa (30.3.1960).]


2. SAGGI

## Geografia lombarda

...La poesia di Sereni è poesia *in re*, si muove soprattutto alla sollecitazione degli oggetti del tempo, nasce da un reame di immagini quotidiane e fedeli in un'aria riservata di ripiegato sentimento; e la geografia lirica è affatto lombarda (e poi emiliana) per certi luoghi sempre consueti e riconoscibili, con un vago presentimento d'Europa. Così il ritmo di un'esperienza familiare e improvvisa resta sempre come sospeso, trattenuto quasi ad un moto di dolce rapina, in una atmosfera discreta che tutto avvolge e raccoglie.

[L. Anceschi, 1952.]


## Oltre Montale e Ungaretti

...Sereni volle far poesia mediante una lieve correzione apportata al tradizionale psicologismo sentimentale. I casi dell'esperienza, non più carattere non ancora anima, non si incarnavano in oggetti-simbolo (come nel Montale di allora), non si costruivano in architetture «metafisiche» (come in Ungaretti). C'era il fondamento della narrazione psicologica, di tradizione tardo ottocentesca: per questo, seppure esagerando, si è potuto parlare, per Sereni, di romanzo.

[F. Fortini, 1960.]

31

Nel mondo degli uomini

...Se oggi rileggiamo quelle prime poesie di Sereni [v.
*Frontiera* e *Diario d'Algeria* (*N.d.C.*)] la meraviglia che
ci destano dipende da quella contaminazione della narra-
tività e della purezza, dal modo come prendono atto del
costume generale, attraverso la riconoscibilità umana e
addirittura cronistica del protagonista, e dal modo come
conservano una traccia di evasività sociale, di assenza.
Contaminazione ho detto: ma non giustapposizione o
compromesso, anzi equilibrio e omogeneità tanto più incantevoli, in quanto tutto minaccerebbe di renderli instabili. [...]

Ma, appunto, l'entrata sottile di una storia personale,
autenticabile, in quel linguaggio di poesia pura, il fatto
che il mondo esterno, quello della natura e quello degli
altri uomini, testimoniasse, rispondesse con le sue apparizioni e col sentimento che ne emanava agli smarriti, un
po' crepuscolari, momenti e stati d'animo del poeta, avevano già rotto l'angoscia metafisica dell'inspiegabilità vi-
cendevole tra l'uomo e il mondo. Le apparizioni del
mondo esterno avevano, nel loro presentarsi, un solo significato possibile. La molteplicità e la non garanzia dei
significati, tipica dell'ermetismo, erano già venute meno.

[G. Debenedetti, 1959 (ed. 1974).]


Una poesia nata dalla prosa

...In questi due primi libri di Sereni [v. *Frontiera* e *Diario
d'Algeria* (*N.d.C.*)] il verso tradizionale sopravvive, anche se la libera alternanza dei vari metri e il gusto di volu-
te ipermetri permette al poeta di adeguarsi a quell'immagine di una poesia nata dalla prosa che è il miraggio non
sempre illusorio di tutti i poeti d'oggi. Nel suo recente e
maggiore libro, *Gli strumenti umani*, sarebbe ingannevo-

le credere che il verso sia andato distrutto; comunque l'avvicinamento alle forme del poema in prosa è dato dal fatto che il lettore deve indugiare a metter d'accordo l'occhio con l'orecchio, ponendo o inventando cesure nelle linee più lunghe; dopo di che il polimetro si rivela per quel che è: uno strumento che riesce a felpare e interiorizzare al massimo il suono senza peraltro portare al decorso totalmente orizzontale della prosa.

[E. Montale, 1965.]

## Vicende terrestri e vicende dell'anima

...All'ampiezza [...] della realtà sociale e storica che sta dietro a questi versi [de *Gli Strumenti umani* (*N.d.C.*)] non corrisponde una profondità adeguata. Fra la storia e il soggetto c'è un malinteso («non lo amo il mio tempo, non lo amo»). Non scoppia «la sacrosanta rissa». Non già, come lasciano intendere non pochi dei critici di Sereni — e forse l'autore stesso — che qui prevalga contro ogni imprudente passione un invincibile senso della complessità del reale (largamente ereditato, in male e in bene, alibi oppure virtù dialettica, da molti degli allievi lombardi di Antonio Banfi) a suggerire la vanità d'ogni progetto schematizzante e volontaristico. Si tratta piuttosto di una particolare forma — che dall'età romantica è discesa al simbolismo — della medievale e cristiana abitudine di porre in parallelo e in induzione, su due serie, le vicende oggettive e terrestri (casi biografici o eventi collettivi e storici) e quelle, sacre e provvidenziali, dell'anima. Per quel parallelismo i termini di una delle due serie finivano col diventare le allegorie o le profezie dell'altra. Ma è ben conosciuto che esiste un irrazionalismo o misticismo laico — ora deterministico ora esaltante la disponibilità — che nella storia e nella società legge quasi esclusivamente la «figura», l'allegoria o la profezia, delle mutazioni interiori e del «destino» dell'anima. Questa partita doppia, e l'eredità culturale (ora accennata) spiegano sia la lentezza con la quale Sereni prende coscienza di determinate realtà storiche [...] sia, per altro verso, l'autenticità d'una coscienza che per tenace e polemica sfiducia verso le generalizzazioni rifiuta tutto quel che non sia sperimentato e personalmente consumato.

[F. Fortini, 1966.]

## Sempre lo stesso libro

...Dentro agli *Strumenti umani* c'è ancora, e si può rintracciarlo qua e là, il disarmato ragazzo lombardo di *Frontiera* e il prigioniero murato e immobile d'Algeria («Un disincantato soldato. Uno spaurito scolaro», *Il grande amico*), e anche il reduce del '45, e tutti stanno dentro a questo «presente» antico e nuovo, così come nella maturità piena dell'uomo Sereni convivono tuttora, acute e dilatate dall'esperienza, l'adolescenza e la giovinezza. In questo senso Sereni sta scrivendo sempre lo stesso libro, e gli *Strumenti* sono un'opera aperta al flusso ininterrotto della vita e coinvolgono anche le più remote contestazioni, crescono su di esse e vi si nutrono, sì che la loro poesia procede per accumulazioni successive, sempre svolgendosi dai nodi vitali originari, mai distaccandosi da essi, ma chiarificandoli e approfondendoli.

[L. Caretti, 1966.]

## Sereni e la fantasia di massa

...In questo voler avvicinarsi al pensare e parlare del 'tutti' (qualche volta si direbbe quasi masochisticamente), Sereni si costringe a confondersi con il tipo del padano qualsiasi, non troppo fantasioso-fantasticante, intrigato nel sistema neocapitalistico; [...]. Così, per il tema sportivo che tanta importanza ha nella poesia di Sereni, si può dire che esso, oltre che introdurre a un'improbabile-irrinunciabile epica della forza-bellezza, si rivela come un modo di accettare una fantasia di massa, naturalmente sempre con il sospetto che si tratti dei riti di una religione morta, di messe nere, o di tic le cui vere motivazioni restano nascoste.

[A. Zanzotto, 1967.]

## Poeta dell'insicurezza

...Nel suo continuo bisogno di certificazione — come recupero della propria storia e ricerca di dialogo e rispecchiamento nell'«altro» — l'autore di *Strumenti umani* si qualifica tipicamente come poeta dell'insicurezza, dell'identità minacciata: un'insicurezza [...] anzitutto verbale, che provoca per iperreazione quei fenomeni di ridondanza e pronuncia insistita cui è per tanta parte legato lo stilema dell'iterazione; così come il dubbio sulla propria identità si rovescia in continua e sia pure aleatoria dichiarazione d'identità. [...] Ma l'ambivalenza, prodotto di quell'insicurezza, è la generale condizione dei messaggi dell'opera. L'interrogazione da una parte, l'antitesi dall'altra ne sono le figure retoriche tipiche.

Tutto ciò non si fonda soltanto su una situazione psicologica personale, ma anche e più su un'esperienza storica generale, e da questo nesso il poeta trae la forza specifica delle proprie affermazioni. Sereni non può più credere, evidentemente, alla portata automaticamente universale della sua biografia nel senso della «bella biografia» di ungarettiana memoria; ma, per quanto non lo esibisca mai, crede ancora — come ha sottolineato energicamente Fortini — alla funzione rappresentativa anche per altri di una sua particolare esperienza, e della «morale» che ne scaturisce; e in questo senso crede ancora, problematicamente, alla poesia.

[P. V. Mengaldo, 1972.]

## La voce che parla

...Forse la ragione fondamentale per cui il lettore si trova a casa propria nella poesia di Sereni è la costanza del suo timbro: che come tutti i poeti non improvvisati Sereni non si trovò bell'e formato fin dall'inizio, ma individuò una volta per sempre a un dato punto (all'altezza, direi, del *Diario d'Algeria*). E certo la capacità di mantenere inalterato quel timbro deve anche dipendere dalla sua qualità. Ora io ho sempre pensato che la forza di coinvolgimento e come di risucchio della poesia del mio amico stesse anzitutto nella particolare naturalezza della sua pronuncia. Non conosco nel nostro secolo nessun poeta che abbia saputo come lui conservare nella parola scritta il tono e le inflessioni della parola parlata; anzi: della voce che parla. [...] E il parlato, la voce non emergono soltanto nei luoghi deputati, come i frequentissimi dialoghi — anzi è da chiedersi se la loro frequenza non dipenda, ancor prima che da ragioni psicologico-tematiche (poiché Sereni, insicuro e autopunitivo, aveva sempre bisogno di sdoppiarsi, di inventarsi interlocutori e castigatori), proprio da questa motivazione formale, di intonazione e messa in prova della voce. Il parlato e la voce che parla impregnano in realtà ogni singola fibra del discorso.

[P. V. Mengaldo, 1983.]

## Una lingua petrarchesca

...Si è sempre dibattuta la questione dell'appartenenza o non appartenenza del primo Sereni all'area dell'ermeti-

36

smo coevo, perlopiù per negarla sul fondamento di un'opposizione tra la «poetica della parola» degli altri e la «poetica degli oggetti» sua e dei suoi: sognanti, negli anni dell'Università milanese (secondo la testimonianza di uno di loro) «un'immagine che fermasse il sentimento inquieto e reale della nostra presenza — non un'assenza, un rifiuto, una platonica libertà». Resta però il fatto che proprio questa esigenza di chiudere in contorni fermi la propria inquietudine esistenziale determina un'individuazione rigorosamente riduttiva dei realia e dei materiali adibiti a nominarli. Sicché, sia pure per eterogenesi dei fini, il risultato, in *Frontiera* e nel *Diario* del '47, è una lingua poetica diversa, ma non meno aristocraticamente selettiva di quella degli adepti dell'orfismo fiorentino. Non volendo, a scanso di equivoci, chiamarla ermetica, si potrebbe dirla «petrarchesca», se è lecito nominare dal Petrarca, per analogia, qualsiasi processo di decantazione della complessità del reale per estrarne delle levigate essenze primarie, tali da riassumere in sé, sublimandolo, l'intero universo.

[D. Isella, 1984.]

# BIBLIOGRAFIA

1. OPERE DI VITTORIO SERENI

*Frontiera*, Edizioni di «Corrente», Milano 1941; n. ed. accresciuta *Poesie*, Vallecchi, Firenze 1942; quindi *Frontiera*, n. ed. Scheiwiller, Milano 1966.

*Diario d'Algeria*, Vallecchi, Firenze 1947; n. ed. accresciuta, Mondadori, Milano 1965.

*Gli immediati dintorni*, Il Saggiatore, Milano 1962; n. ed. accresciuta *Gli immediati dintorni primi e secondi*, a cura di M.T. Sereni, Il Saggiatore, Milano 1983.

*Gli strumenti umani*, Einaudi, Torino 1965; n. ed. con uno studio di P. V. Mengaldo, Einaudi, Torino 1975.

*Poesie scelte (1935/1965)*, a cura di L. Caretti, Mondadori, Milano 1973.

*Letture preliminari*, Liviana, Padova 1973.

*Il sabato tedesco*, Il Saggiatore, Milano 1980 (contiene *L'opzione*, *La pietà ingiusta* e *Il sabato tedesco*).

*Stella variabile*, Garzanti, Milano 1981.

*Il musicante di Saint-Merry e altri versi tradotti*, Einaudi, Torino 1981.

*Tutte le poesie*, a cura di M. T. Sereni, prefazione di D. Isella, Mondadori, Milano 1986.

*Poesie*, a cura di D. Isella, Milano, Mondadori, 1995.

*Sentieri di gloria: note e ragionamenti sulla letteratura*, a cura di G. Strazzeri, Milano, Mondadori, 1996.

*La tentazione della prosa*, a cura di G. Raboni, Milano, Mondadori, 1998.

*Taccuino d'Algeria (1944)*, a cura di D. Isella, Pistoia, Via del Vento, 2000.

## 2. PLAQUETTES ED EDIZIONI FUORI COMMERCIO

*Una polvere d'anni di Milano*, con tre disegni di A. Rossi, Tip. L. Maestri, Milano 1954; *Frammenti di una sconfitta - Diario bolognese*, con un'acquaforte di F. Gentilini, Scheiwiller, Milano 1957; *Appuntamento a ora insolita*, 11 poesie con fotografie di P. Monti dalle sculture di B. Lardera «jouet pour adultes», Scheiwiller, Milano 1964; *L'opzione e allegati*, Scheiwiller, Milano 1964. *Dodici poesie*, con un'acquaforte di P. Semeghini, Libri di Renzo Sommaruga, Verona 1966; *La guerra girata altrove*, Editiones Dominicae a cura di F. Riva, Verona 1969; *Ninetto Bonfanti*, s.e., Parma 1970; *La guerra girata altrove*, riediz. in formato maggiore con tre acqueforti di W. Piancesi, Editiones Dominicae, Verona 1970; *Lavori in corso*, con un'acquaforte di F. Francese, Edizioni di «Origine», Luxembourg 1970; *Ventisei*, con sei acqueforti di A. Perez, Ediz. dell'Aldina, Roma 1970; *Addio Lugano bella*, con sei serigrafie a colori di E. Treccani, Ediz. dell'Upupa, Firenze 1971; *Da tanto mare*, con due litografie a colori di G. Dova, Galleria dell'Incontro, Milano 1971; *Sei poesie e sei disegni*, di V. Sereni e F. Francese, Edizioni 32, Milano 1972; *Toronto sabato sera*, con *Fantasie* di Kodra, Edizioni per la Galleria Rizzardi, Milano 1973; *Un posto di vacanza*, Scheiwiller, Milano 1973; *A Venezia con Biason*, con sei acqueforti di R. Biason, ediz. Ca' Spinello, Urbino 1975; *La piega giusta*, con otto acqueforti di S. Scheiwiller, con una poesia e una prosa di V. Sereni, Scheiwiller, Milano 1976; *Franco Francese: la bestia addosso*, Scheiwiller, Milano 1976; *Tre poesie per Niccolò Gallo*, con nove cartegialle di M. Marcucci, ediz. Galleria Pananti, Firenze 1977; *Nell'estate padana*, con tre acquetinte a colori di E. Della Torre, La Spirale, Milano 1978; *Rapsodia breve*, Introduzione di L. Goffi, Il Farfengo, Brescia 1979; *Stella variabile*, con litografie di R. Savinio, Cento Amici del Libro, Verona 1979; *Autostrada della Cisa*, con una litografia di F. Francese, Milano 1981; *Graziano*, «Il Catalogo», Salerno 1982; *Petrarca, nella sua finzione, la sua verità*, Neri Pozza, Vicenza 1983; *I gentiluomini nottambuli*, una poesia e lettere di V. Sereni, con cinque acqueforti di F. Rognoni e testi di C. Fruttero, D. Isella, F. Lucentini, G. Orelli e A. Parronchi, Scheiwiller, Milano 1985; *Senza l'onore delle armi*, con una nota di D. Isella, Scheiwiller, Milano 1986.

«*Un posto di vacanza*» *e altre poesie*, a cura di Z. Birolli, con scritti di G. Orelli, Z. Birolli, L. Barile, Milano, All'Insegna del Pesce d'Oro, Milano 1994; *Il fantasma nerazzurro. Una P lunga cinquant'anni*, Milano, Scheiwiller, 1995; *Tre poesie*, con i bulini di C. Rapp, Valeggio sul Mincio, Edizioni Ampersand, 1997; *L'uomo dalle suole di vento: un omaggio a Rimbaud*, fotografie di A. F. Aschei, prefazione di M. Einaudi, Balerna, Edizio ulivo, 2001

### 3. TRADUZIONI

J. Green, *Leviatan*, Mondadori, Milano 1947 (n. ed. Longanesi, Milano 1986); P. Valery, *Eupalinos l'anima e la danza Dialogo dell'albero*, Mondadori, Milano 1947; W.C. Williams, *Poesie*, ediz. del Triangolo, Milano 1957; J. Rotrou, *Laura perseguitata*, in *Teatro francese del grande secolo*, pres. G. Macchia, E.R.I., Torino 1960; W.C. Williams, *Poesie*, Einaudi, Torino 1961 (insieme a Cristina Campo); R. Char, *Fogli d'Ipnos*, in R.C., *Poesia e Prosa*, Feltrinelli, Milano 1962; R. Firbank, *Fuoco nero*, in R.F., *Il cardinale Pirelli*, Feltrinelli, Milano 1964; R. Char, *Fogli d'Ipnos 1943/44*, Einaudi, Torino 1968; R. Char, *Ritorno sopramonte*, Mondadori, Milano 1974; P. Corneille, *L'illusione teatrale*, Guanda, Milano 1979; G. Apollinaire, *Eravamo da poco intanto nati*, Scheiwiller, Milano 1980.

Una silloge di traduzioni poetiche (da E. Pound, R. Char, W. C. Williams, A. Frénaud, G. Apollinaire, A. Camus, F. Bandini, P. Corneille, Léon-G. Damas, E. Lero, J. Rabemananjata) è *Il musicante di Saint-Merry* (incluso in *Tutte le poesie*, cit.) per cui vedi sez. 1.

### 4. PROSE CRITICHE E INTERVISTE

V. Sereni ha pubblicato articoli e recensioni su numerosi periodici e quotidiani (v. *Poesie scelte*, cit., p. XXXI). Le principali note critiche sono raccolte in *Letture preliminari* cit.

Interviste sono apparse in varie sedi; di maggiore interesse quelle raccolte in F. Camon, *Il mestiere di poeta*, Lerici, Milano 1965; E.F. Acrocca, *Ritratti su misura*, Sodalizio del libro, Venezia 1960; AA.VV., *Sulla poesia. Conversazioni nelle scuole*, Pratiche, Parma 1961; A. Fo, *Un'intervista a Vittorio Sereni*, in AA.VV., *Studi per Riccardo Ribuoli*, ed. di Storia e Letteratura, Roma 1986. Utili indicazioni si trovano in G.C. Ferretti, *Prove per un ritratto*, in *La poesia di Vittorio Sereni* (vedi Bibliografia essenziale della critica).

Diverse anche le presentazioni di pittori, per cui si veda P.V. Mengaldo, *Vittorio Sereni «lettore» di pittura*, in AA.VV., *Per Maria Cionini Visani*, Padova 1977 e *Amici pittori: i libri d'arte di Vittorio Sereni con un'appendice di suoi scritti*, a cura di Dante Isella e Barbara Colli, Luino, Citta di Luino, 2002.

## 5. BIBLIOGRAFIA ESSENZIALE DELLA CRITICA

La bibliografia più accurata degli scritti su Vittorio Sereni è quella curata da Barbara Colli in conclusione all'edizione critica delle *Poesie* cit., aggiornata al 1994, da integrare con gli spogli periodicamente pubblicati nei fascicoli di «Studi novecenteschi». Il lettore che intenda accostarsi all'opera di Sereni può utilmente servirsi delle monografie seguenti: M. Grillandi, *Vittorio Sereni*, Firenze 1972; F. P. Memmo, *Vittorio Sereni*, Milano 1973; R. Pagnanelli, *La ripetizione dell'esistere. Lettura dell'opera poetica di Vittorio Sereni*, Milano 1980; M. L. Baffoni Licata, *La poesia di Vittorio Sereni. Alienazione e impegno*, Ravenna 1986; A. Luzi, *Introduzione a Sereni*, Roma-Bari 1990. L. Barile, *Sereni*, Palermo 1994. Segnaliamo inoltre: A. Di Bernardi, *Gli «specchi multipli» di Vittorio Sereni*, Palermo 1975; R. Schuerch, *Vittorio Sereni e i messaggi sentimentali*, Firenze 1985.

Per un approfondimento del significato dell'opera di Sereni, oltre a AA.VV., *La poesia di Vittorio Sereni*, Milano 1985 (Atti del Convegno 28-29 Settembre 1984; interventi di S. Agosti, P. Baldan, G. Barberi Squarotti, C. Bo, G. Bonalumi, G. Caproni, P. Chiara, L. Erba, G. C. Ferretti, M. Forti, M. A. Grignani, D. Isella, A. Jacomuzzi, G. Lonardi, M. Luzi, L. Privitera), AA. VV., *Per Vittorio Sereni*, Milano 1992 (Convengo di Poeti a Luino: interventi di A. Bertolucci, G. Frasca, F. Benzoni, G. Raboni, R. Carifi, M. Cucchi, G. Orelli, G. Luzzi, P. Bigongiari, A. Parronchi, L. Erba, G. Magrini, G. Giudici, C. Vi-

viani, J. C. Vegliante, M. Luzi, A. Zanzotto, A. Oldcorn) e all'*Omaggio a Vittorio Sereni* contenuto nella rivista «Poesia», a. VI, n. 59, febbraio 1993 (interventi di G. Raboni, F. Fortini, F. Loi, S. Ramat, G. D'Elia), indispensabili i contributi (che qui si citano con riferimento alle raccolte in cui i saggi sono apparsi dopo la pubblicazione in rivista) di L. Caretti in *Antichi e Moderni*, Torino 1976 (anche in V.S., *Poesie scelte*, cit.); G. Debenedetti, in *Poesia italiana del Novecento*, Milano 1974; F. Fortini, in *Saggi italiani e Nuovi saggi italiani*, Milano 1987; Id., *I poeti del Novecento*, Bari 1977 (n. ed. 1988); P. V. Mengaldo. *La tradizione del Novecento*, Milano 1975 (anche in V.S., *Gli strumenti umani*, ed. 1975, cit.); Id., *Poeti italiani del Novecento*, Milano 1978 e *La tradizione del Novecento*, n.s., Firenze 1987. R. Pagnanelli, in *Studi critici*, Milano 1991; F. Papi, in *La parola incantata e altri saggi di filosofia dell'arte*, Milano 1992; A. Zanzotto, in *Aure e disincanti nel Novecento letterario*, Milano 1994; E. Testa, in *Per interposta persona. Lingua e poesia nel secondo Novecento*, Roma 1999. Tra i profili segnaliamo: C. Bo, in Cecchi-Sapegno, *Storia della letteratura italiana, Il Novecento*, II, Milano 1987; E. Gioanola, *Storia letteraria del Novecento in Italia*, Torino 1986; F. Ramat, in *Dizionario Critico della Letteratura Italiana*, IV, a cura di V. Branca, Torino 1986.

Importanti inoltre riguardo ad aspetti, momenti e temi dell'opera S. Antonielli, *Aspetti e figure del Novecento*, Parma 1955 e Id., *La letteratura del disagio*, Roma 1984; M. Forti, *Le proposte della poesia*, Milano 1963 (n. ed. 1972); G.C. Ferretti, *La letteratura del rifiuto*, Milano 1968; E. Montale, *Sulla poesia*, Milano 1976; G. Raboni, *Poesia italiana degli anni Sessanta*, Roma 1976. D'interesse non solo storico A. Seroni, *Ragioni critiche*, Firenze 1944; C. Bo, *Nuovi studi*, Firenze 1946; O. Macrì, *Caratteri e figure della poesia italiana contemporanea*, Firenze 1956; L. Anceschi, *Linea lombarda*, Varese 1952 (poi in *Del barocco e altre prove*, Firenze 1953); L. Anceschi-S. Antonielli, *Lirica del Novecento*, Firenze 1953. Di rilevante interesse inoltre il n. 204 (24 n.s., a. XIX) di «Paragone» del febbraio 1967 con interventi di A. Rossi, R. Roversi, A. Zanzotto relativi allo stralcio ivi pubblicato di *Un posto di vacanza*; segnaliamo poi tra i numerosi saggi e articoli apparsi su riviste e miscellanee G. Arcangeli, «Rassegna d'Italia», II, 11-12, nov.dic. 1947; C. Scarpati, in AA.VV., *Studi sulla cultura lombarda*, Milano 1972; E. Esposito, «Paragone», XXXI, 364, 1980; L. Conti Bertini, «Filologia e critica», VII, 3, 1982; F. Ramat, in AA.VV., *Studi in onore di G. Mariani*, Roma 1985; P. Baldan in AA.VV, *Guido Gozzano. I giorni le opere*, Firenze 1986; L. Barile, «Autografo», 5 n.s., febb. 1988; A. Girardi, «Studi Novecenteschi», XIV, 33, giugno 1987 (poi in A.G., *Cinque storie stilistiche*, Genova 1987); G. Palli Baroni, «Letteratura Italiana Contemporanea», VIII, 22, sett.-dic. 1987; G. Gronda, in AA.VV., *Tradizione Traduzione Società-Saggi per Franco Fortini*, Roma 1989. N. Lorenzini, «Il Verri», 1-2, serie IX, mar.-giu. 1990; G. Bonfanti, «Autografo», VIII, n. s., n. 24, ott. 1991; M. A. Gignani, ibid.; L. Barile, «Lettere Italiane», XLV, 1993; F. Fortini, in *Omaggio a Gianfranco Folena*, Padova 1993; F. D'Alessandro, in «Rivista di Letteratura Italiana», 2000, nn. 2-3; F. D'Alessandro, in «Italianistica», 2001, n. 1; M. Ciccuto, in «Paragone», nn.33/35, 2001; F. Merlanti, in «Resine», nn. 87-88, 2001; R. Zucco, in «Per Leggere», 3, 2002. Preziose indicazioni bibliografiche sulle poesie raccolte in *Stella variabile* in L. Caretti, «Inventario», 1 n.s., 1981; Id., «Paragone», XXXIV, 398, apr. 1983; Id. «Studi di filologia italiana», XLIII, 1985; E. Esposito, cit.; P. V. Mengaldo, in AA.VV., *Studi in onore di L. Caretti*, Modena 1987.

# AVVERTENZA AL TESTO E ALLE NOTE

I testi della presente antologia sono nella lezione di V. Sereni, *Tutte le poesie*, cit., al cui apparato di indici e note a cura di Maria Teresa Sereni si rimanda per le notizie relative alla struttura delle raccolte. Allo stesso volume si fa riferimento anche per quanto riguarda l'ordine delle poesie all'interno delle singole opere: che segue quindi l'ed. 1966 di *Frontiera* e 1965 di *Diario d'Algeria*; mentre la lirica che s'intitola *Il male d'Africa*, presente tanto nel *Diario d'Algeria* che ne *Gli strumenti umani*, è qui accolta nella parte corrispondente a quest'ultimo libro.

Per non appesantire le note, le citazioni da saggi impiegate come commento o parafrasi di versi e passi testuali recano la sola indicazione d'autore (così anche i brani dell'Antologia della critica): si omette la tavola delle opere utilizzate, in quanto compresa nella Bibliografia essenziale. Le poesie di Parronchi, Fortini e Noventa nella I sezione dell'Antologia della critica sono tratte rispettivamente da A. Parronchi, *Un'attesa*, Urbino 1962; F. Fortini, *L'ospite ingrato primo e secondo*, Casale Monferrato 1985; G. Noventa, *Opere complete*, I, a cura di F. Manfriani, Venezia 1986.

Quanto al contenuto delle note, esso riguarda il dato semantico delle liriche, con i rischi che ciò comporta quando si debbano affrontare testi che mal sopportano una lettura incurante dell'organismo delle raccolte: è il caso, in particolare, de *Gli strumenti umani*, ma in diversa misura di tutti i libri di Sereni. Per ovviare ai limiti naturali di una proposta antologica dell'opera, ho quindi tentato di fornire il maggior numero possibile di raccordi tra i testi, e rinviato con frequenza alle prose dell'autore, che dei versi possono essere non una parafrasi ma un accompagnamento ricco di indicazioni e suggerimenti: con la speranza che la trama dei rinvii testuali e tematici renda possibile al lettore avvicinarsi al mondo poetico di Sereni senza perderne di vista la costante evoluzione.

In ordine alla datazione dei versi, è opportuno ricordare quanto l'autore ha affermato più volte e ribadito, esemplarmente, nella *Nota* a *Gli strumenti umani*: «là dove un riferimento temporale accompagna esplicitamente un testo, quel riferimento indica, senza eccezioni, una "partenza" o una fase e non rappresenta mai una data di composizione». La regola vale per tutte le raccolte: andrà aggiunto, se mai, che l'Indice dell'edizione '42 di *Frontiera* recava un'indicazione di anno per ogni lirica, indicazione qui riportata nelle Note; e che per tre Sezioni de *Gli strumenti umani* sempre la *Nota* fornisce un'attribuzione di massima: '45-'57 per *Uno sguardo di rimando* (la prima sezione), '58-'60 per *Appuntamento a ora insolita* (la terza), '61-'65 per *Apparizioni o incontri* (la quinta e ultima). Ulteriori informazioni sulla cronologia interna degli *Strumenti* si possono trovare nel *Catalogo* del *Fondo Manoscritti di Autori Contemporanei* dell'Università di Pavia, curato da G. C. Ferretti, M.A. Grignani, M.P. Musatti (Torino 1982); mentre per la tradizione a stampa dei testi di *Stella variabile* si vedano i contributi di L. Caretti citati nella Bibliografia della critica.

Devo un ringraziamento particolare, per le note, a Maria Teresa Chiari Sereni, la cui competenza e cortesia mi ha seguito nelle varie fasi del lavoro, e a Franco Fortini, per gli «spifferi» — di carta e non — che le citazioni testuali sono ben lontane dall'esaurire. A entrambi è dedicato il commento.

L.L.

da *FRONTIERA*

[1941]*

* Vedi Avvertenza p. 45.

# DOMENICA SPORTIVA

Il verde è sommerso in neroazzurri.
Ma le zebre venute di Piemonte
sormontano riscosse a un hallalì
squillato dietro barriere di folla.
5 Ne fanno un reame bianconero.
La passione fiorisce fazzoletti
di colore sui petti delle donne.

Giro di meriggio canoro,
ti spezza un trillo estremo.
10 A porte chiuse sei silenzio d'echi
nella pioggia che tutto cancella.

# COMPLEANNO

Un altro ponte
sotto il passo m'incurvi
ove a bandiere e culmini di case
è sospeso il tuo fiato,
5 città grave.
Ancora al sonno
canti di uccelli sento
lontanissimi unirsi
e del pallido verde
10 mi rinnovi il tempo,
d'una donna agli sguardi serena
mi ritorni memoria,
amara estate.

Ma dove t'apri
15 e tra l'erba orme di carri
e piazze e strade in polvere spaési
senso d'acque mi spiri
e di ridenti vetri una calma.
Maturità di foglie, arco di lago
20 altro evo mi spieghi lucente,
in una strada senza vento inoltri
la giovinezza che non trova scampo.

## A M. L. SORVOLANDO
## IN RAPIDO LA SUA CITTÀ


Non ti turbi il frastuono
che irrompe con me nel tuo quieto mattino
se un poco io mi sporgo a ravvisarti,
mentre tu forse cammini
5 con la tua gente
nelle plaghe del sole;
non ti turbi quest'ansia che ti sfiora
e dietro un breve vento si lascia
di festuche in un vortice di suoni.

10 Come ti schiari,
come consenti al fuggitivo amore
dai balconi dagli orti dalle torri

. . . . . . . . . . . .

# DIANA

Torna il tuo cielo d'un tempo
sulle altane lombarde,
in nuvole d'afa s'addensa
e nei tuoi occhi esula ogni azzurro,
5 si raccoglie e riposa.

Anche l'ora verrà della frescura
col vento che si leva sulle darsene
dei Navigli e il cielo
che per le rive s'allontana.

10 Torni anche tu, Diana,
tra i tavoli schierati all'aperto
e la gente intenta alle bevande
sotto la luna distante?

Ronza un'orchestra in sordina;
15 all'aria che qui ne sobbalza
ravviso il tuo ondulato passare,
s'addolce nella sera il fiero nome
se qualcuno lo mormora
sulla tua traccia.

20 Presto vien giugno
   e l'arido fiore del sonno
   cresciuto ai più tristi sobborghi

   e il canto che avevi, amica, sulla sera
   torna a dolere qui dentro,
25 alita sulla memoria
   a rimproverarti la morte.

# 3 DICEMBRE

*written for
Antonia Pozzi
simbolo di maliconia*

All'ultimo tumulto dei binari
hai la tua pace, dove la città
in un volo di ponti e di viali
si getta alla campagna
5 e chi passa non sa
di te come tu non sai
degli echi delle cacce che ti sfiorano.

Pace forse è davvero la tua
e gli occhi che noi richiudemmo
10 per sempre ora riaperti
stupiscono
che ancora per noi
tu muoia un poco ogni anno
in questo giorno.

# PIAZZA

Assorto nell'ombra che approssima e fa vana
questa che mi chiude d'una sera,
anche più vano
di questi specchi già ciechi,
5 io non so, giovinezza, sopportare
il tuo sguardo d'addio.

Ma della piazza, a mezza sera,
vince i deboli lumi
la falce d'aprile in ascesa.

10 Sei salva e già lunare?
Che trepida grazia,
la tua figura che va.

# INVERNO A LUINO

Ti distendi e respiri nei colori.
Nel golfo irrequieto,
nei cumuli di carbone irti al sole
sfavilla e s'abbandona
5 l'estremità del borgo.
Colgo il tuo cuore
se nell'alto silenzio mi commuove
un bisbiglio di gente per le strade.
Morto in tramonti nebbiosi d'altri cieli
10 sopravvivo alle tue sere celesti,
ai radi battelli del tardi
di luminarie fioriti.
Quando pieghi al sonno
e dài suoni di zoccoli e canzoni
15 e m'attardo smarrito ai tuoi bivi
m'accendi nel buio d'una piazza
una luce di calma, una vetrina.
Fuggirò quando il vento
investirà le tue rive;
20 sa la gente del porto quant'è vana
la difesa dei limpidi giorni.
Di notte il paese è frugato dai fari,
lo borda un'insonnia di fuochi
vaganti nella campagna,

25 un fioco tumulto di lontane
   locomotive verso la frontiera.

# TERRAZZA

Improvvisa ci coglie la sera.
                              Più non sai
dove il lago finisca;
un murmure soltanto
sfiora la nostra vita
5 sotto una pensile terrazza.

Siamo tutti sospesi
a un tacito evento questa sera
entro quel raggio di torpediniera
che ci scruta poi gira se ne va.

## STRADA DI ZENNA

*la morte*
*ermetica.*

*futuro*

Ci desteremo sul lago a un'infinita
navigazione. Ma ora
nell'estate impaziente
s'allontana la morte.
5 E pure con labile passo
c'incamminiamo su cinerei prati
per strade che rasentano l'Eliso.

Si muta
l'innumerevole riso;
10 è un broncio teso tra l'acqua
e le rive nel lagno
del vento tra le stuoie tintinnanti.
Questa misura ha il silenzio
stupito a una nube di fumo
15 rimasta di qua dall'impeto
che poco fa spezzava la frontiera.

Vedi sulla spiaggia abbandonata
turbinare la rena,
ci travolge la cenere dei giorni.
20 E attorno è l'esteso strazio
delle sirene salutanti nei porti
per chi resta nei sogni

di pallidi volti feroci,
nel rombo dell'acquazzone
25 che flagella le case.
Ma torneremo taciti a ogni approdo.
Non saremo che un suono
di volubili ore noi due
o forse brevi tonfi di remi
30 di malinconiche barche.

Voi morti non ci date mai quiete
e forse è vostro
il gemito che va tra le foglie
nell'ora che s'annuvola il Signore.

# UN'ALTRA ESTATE

Lunga furente estate.
La solca ora un brivido sottile
alle foci del Tresa
sì che alcuno ne trema
5 dei volti già ridenti,
ora presaghi.
Ma tutto quanto non soggiacque all'afa
s'appunta al volo
degli uccelli lentissimi del largo
10 avventurati negli oscuri golfi
di un'Italia infinita.

# STRADA DI CREVA

*la voglia per l'estate*

*un un paesaggio classico*

## I

Presto la vela freschissima di maggio
ritornerà sulle acque
dove infinita trema Luino    *sembra di fare*
e il canto spunterà remoto    *così*
5 del cucco affacciato alle valli
dopo l'ultima pioggia:
                              *cucciolo*
                        | ora |
d'un pazzo inverno nei giorni
*Nov* dei Santi votati alla neve
lucerte vanno per siepi,
10 fumano i boschi intorno
e una coppia attardata sui clivi  *colli*
ha voci per me di saluto
come a volte sui monti
la gente che si chiama tra le valli.


## II

Questo trepido vivere nei morti.

Ma dove ci conduce questo cielo

62

che azzurro sempre più azzurro si spalanca
ove, a guardarli, ai lontani
5 paesi decade ogni colore.
Tu sai che la strada se discende
ci protende altri prati, altri paesi,
altre vele sui laghi:
                          il vento ancora
turba i golfi, li oscura.
10 Si rientra d'un passo nell'inverno.
E nei tetri abituri si rientra,
a un convito d'ospiti leggiadri
si riattizzano i fuochi moribondi.

E nei bicchieri muoiono altri giorni.  *verso isolato*

15 Salvaci allora dai notturni orrori
dei lumi nelle case silenziose.

Dicono le ortensie:
— è partita stanotte
e il buio paese s'è racchiuso
dietro la lanterna
5 che guidava i suoi passi —
dicono anche: — è finita
l'estate, è morta in lei,
e niente ne sapranno i freddi
verdi astri d'autunno —.
10 Un cane abbaiava all'ora fonda
alla pioggia all'ombra del mulino
e la casa il giardino
si vela di leggera umidità.

Sul tavolo tondo di sasso
due versi a matita, parole
per musica fiorite su una festa.
Di occhi ardenti, di capelli castani?
5 Come fu quel tuo giorno, e tu com'eri?

E oggi qui attorno la quiete
dei vetri indifferenti, oggi il minuto
sfaccendare dei passeri là fuori.

Ecco le voci cadono e gli amici
sono così distanti
che un grido è meno
che un murmure a chiamarli.
5 Ma sugli anni ritorna
il tuo sorriso limpido e funesto
simile al lago
che rapisce uomini e barche
ma colora le nostre mattine.

da *DIARIO  D'ALGERIA*

[1947]*

* Vedi Avvertenza p. 45.

# CITTÀ DI NOTTE

Inquieto nella tradotta
che ti sfiora così lentamente
mi tendo alle tue luci sinistre
nel sospiro degli alberi.

5 Mentre tu dormi e forse
qualcuno muore nelle alte stanze
e tu giri via con un volto
dietro ogni finestra — tu stessa
un volto, un volto solo
10 che per sempre si chiude.

# BELGRADO

*a Giosue Bonfanti*

      — ... Donau? —
— Nein Donau, Sava — come in sogno
dice la sentinella e rulla un ponte
sotto il convoglio che s'attarda.
5 E non so che profondità remota
di lavoro e di voci dai tuoi spalti
celebra una tranquilla ora d'Europa
nata con te tra due chimere
— il Danubio! la Sava! —
10 azzurre di un mattino
perduto, di là da venire:
sogno improvviso di memorie, come
le sentinelle sognano
dai ponti della Sava
15 qualche figura tra le piante a caso,
un intravisto romanzo d'amore.

Tradotta Mestre-Atene, agosto 1942

# ITALIANO IN GRECIA

Prima sera d'Atene, esteso addio
dei convogli che filano ai tuoi lembi
colmi di strazio nel lungo semibuio.
Come un cordoglio
5 ho lasciato l'estate sulle curve
e mare e deserto è il domani
senza più stagioni.
Europa Europa che mi guardi
scendere inerme e assorto in un mio
10 esile mito tra le schiere dei bruti,
sono un tuo figlio in fuga che non sa
nemico se non la propria tristezza
o qualche rediviva tenerezza
di laghi di fronde dietro i passi
15 perduti,
sono vestito di polvere e sole,
vado a dannarmi a insabbiarmi per anni.

Pireo, agosto 1942

*liberde annunciare il suo
andato in Africa*

# DIMITRIOS

*a mia figlia*

Alla tenda s'accosta
il piccolo nemico
Dimitrios e mi sorprende,
d'uccello tenue strido
5 sul vetro del meriggio.
Non torce la bocca pura
la grazia che chiede pane,
non si vela di pianto
lo sguardo che fame e paura
10 stempera nel cielo d'infanzia.

È già lontano,
arguto mulinello
che s'annulla nell'afa,
Dimitrios — su lande avare
15 appena credibile, appena
vivo sussulto
di me, della mia vita
esitante sul mare.

Pireo, agosto 1942

72

# LA RAGAZZA D'ATENE

Ora il giorno è un sospiro
e tutta l'Attica un'ombra.
E come un guizzo illumina gli opachi
vetri volgenti in fuga
5 è il tuo volto che sprizza laggiù
dal cerchio del lume che accendi
all'icona serale.
        Ma qui
dove via via più rade s'abbattono
dell'ultima caccia le prede
10 tra le piante che seguono il confine,
ahimè che il puro
segno delle tue sillabe si guasta,
in contorto cirillico si muta.
E tu: come t'oscuri a poco a poco.
15 Ecco non puoi restare, sei perduta
nel fragore dell'ultimo viadotto.

        *

Presto sarò il viandante stupefatto
avventurato nel tempo nebbioso.

Deboli voli, nomi inerti ormai
20 ad una ad una si sgranano note

per staccarsi dal coro, oscuri scorci
d'un perduto soggiorno: Kaidari,
una conca dolceamara d'ulivi
nel mio pigro rammentare — o quelle
25 navi perplesse al vento del Pireo.

E tutto che si prese sguardo e ascolto
confitto nella bruma è già passato.

\*

Perché di tanto la ruota ha girato
oggi una flotta amica incrocia al largo,
30 tardi matura il frutto d'ansietà
primizia ad altri che non te,
despinís.
Chi dorme dorme nell'alta
neve lassù tra i cari morti.
35 Tu coi morti ti levi e in loro parli:
— Io voglio una bandiera
del mio strazio sonora
smagliante del mio pianto,
io voglio una contrada ove sia canto
40 lieve dagli anni verdi
l'inno che m'opprimeva,
ove l'allarme che solcò le notti
torni mutato in eco
di pietà di speranza di timore —

\*

45 Così, distanti, ci veniamo incontro.
E a volte sembra

74

d'incamminarci, despinís, nel sole
lieto anche ai vinti
nei giardini dell'Attica vivaci.

50 E ancora il tuo ricordo ne verdeggia.

Tradotta Atene-Mestre, autunno 1942
Africa del Nord, autunno 1944

Lassù dove di torre
in torre balza e si rimanda
ormai vano un consenso,
il chivalà dell'ora,
5 — come quaggiù di torretta in torretta
dai vertici del campo nei richiami
tra loro le scolte marocchine —
chi va nella tetra mezzanotte
dei fiocchi veloci, chi l'ultimo
10 brindisi manca su nere
soglie di vento sinistre
d'attesa, chi va...
È un'immagine nostra
stravolta, non giunta
15 alla luce. E d'oblio
solo un'azzurra vena abbandona
tra due epoche morte dentro noi.

Sainte-Barbe du Thélat, Capodanno 1944

Un improvviso vuoto del cuore
tra i giacigli di Sainte-Barbe.
Sfumano i volti diletti, io resto solo
con un gorgo di voci faticose.

5 E la voce più chiara non è più
che un trepestio di pioggia sulle tende,
un'ultima fronda sonora
su queste paludi del sonno
corse a volte da un sogno.

Sainte-Barbe du Thélat, inverno 1944

Rinascono la valentia
e la grazia.
Non importa in che forme — una partita
di calcio tra prigionieri:
                              specie in quello
5 laggiù che gioca all'ala.
O tu così leggera e rapida sui prati
ombra che si dilunga
nel tramonto tenace.
Si torce, fiamma a lungo sul finire
10 un incolore giorno. E come sfuma
chimerica ormai la tua corsa
grandeggia in me
amaro nella scia.

Sainte-Barbe du Thélat, maggio 1944

*angel.*

Non sa più nulla, è alto sulle ali
il primo caduto bocconi sulla spiaggia normanna.
Per questo qualcuno stanotte
mi toccava la spalla mormorando
5 di pregar per l'Europa
mentre la Nuova Armada
si presentava alla costa di Francia.

Ho risposto nel sonno: — È il vento,
il vento che fa musiche bizzarre.
10 Ma se tu fossi davvero
il primo caduto bocconi sulla spiaggia normanna
prega tu se lo puoi, io sono morto
alla guerra e alla pace.
Questa è la musica ora:
15 delle tende che sbattono sui pali.
Non è musica d'angeli, è la mia
sola musica e mi basta —.

Campo Ospedale 127, giugno 1944

Ahimè come ritorna
sulla frondosa a mezzo luglio
collina d'Algeria
di te nell'alta erba riversa
5 non ingenua la voce
e nemmeno perversa
che l'afa lamenta
e la bocca feroce

ma rauca un poco e tenera soltanto...

Saint-Cloud, luglio 1944

Non sanno d'essere morti
i morti come noi,
non hanno pace.
Ostinati ripetono la vita
5 si dicono parole di bontà
rileggono nel cielo i vecchi segni.
Corre un girone grigio in Algeria
nello scherno dei mesi
ma immoto è il perno a un caldo nome: ORAN.

Saint-Cloud, agosto 1944

Solo vera è l'estate e questa sua
luce che vi livella.
E ciascuno si trovi il sempreverde
albero, il cono d'ombra,
5 la lustrale acqua beata
e il ragnatelo tessuto di noia
sugli stagni malvagi
resti un sudario d'iridi. Laggiù
è la siepe labile, un alone
10 di rossa polvere,
ma sepolcrale il canto d'una torma
tedesca alla forza perduta.

Ora ogni fronda è muta
compatto il guscio d'oblio
15 perfetto il cerchio.

Saint-Cloud, agosto 1944

E ancora in sogno d'una tenda s'agita
il lembo.
Campo d'un anno fa
cui ritorno tentoni
5 ma qui nessuno più
a ginocchi soffre
solo la terra soffre
che nessuno più
soffra d'essere qui
10 e tutto è pronto per l'eternità
il breve lago diventato palude
la mala erba cresciuta alle soglie
né fisarmonica geme
di perdute domeniche
15 tra cortesi comitive
di disperati meno disperati
più disperati. Io dico:
— Dov'è il lume
che il giovane Walter vigilava
20 fiammante nell'ora tarda
all'insonne compagnia... —.

Sidi-Chami, ottobre 1944

Spesso per viottoli tortuosi
*quelque part en Algérie*
del luogo incerto
che il vento morde,
5 la tua pioggia il tuo sole
tutti in un punto
tra sterpi amari del più amaro filo
di ferro, spina senza rosa...
ma già un anno è passato,
10 è appena un sogno:
siamo tutti sommessi a ricordarlo.

Ride una larva chiara
dov'era la sentinella
e la collina
15 dei nostri spiriti assenti
deserta e immemorabile si vela.

Sidi-Chami, novembre 1944

Troppo il tempo ha tardato
per te d'essere detta
pena degli anni giovani.

Illividiva la città nel vento
5 o un'iride cadeva nella danza
dei riflessi beati:
eri nel ticchettio meditabondo
d'una sfera al mio polso
tra le pagine sfogliate
10 una marea di sole,
un'indolenza di sobborghi chiari
presto assunta in un volto
così a fondo scrutato,
ma un occhio lustro ma un tatto febbrile.

15 Venivano ombre leggere: — che porti
tu, che offri?... —. Sorridevo
agli amici, svanivano
essi, svaniva
in tristezza la curva d'un viale.
20 Dietro ruote fuggite
smorzava i papaveri sui prati
una cinerea estate.

Ma se tu manchi
e anche il cielo è vinto
25 sono un barlume stento,
una voce superflua nel coro.

Sidi-Chami, novembre 1944

Se la febbre di te più non mi porta

come ogni gesto si muta in carezza
ove indugia un addio
foglia che di prima estate
5 si spicca.

Fatto è il mio sguardo più tenero e lento
d'essere altrove e qui non è più teso.

Strade fontane piazze
un giorno corse a volo
10 nel lume del tuo corpo
in ognuna m'attardo in un groviglio
di volti amati
nel poco verde tra gli anditi bui
nel vecchio cielo diventato mite.

Sidi-Chami, dicembre 1944

Nel bicchiere di frodo
tocca presto il suo fondo
quest'allegria che vela la tristezza
in cresta dei tizzi sopiti
5 sbalzati a noi dal più lontano fuoco.
E sii tu oggi il Dio che si fa carne
lontananza per noi nell'ora oscura.

Sidi-Chami, Natale 1944

# ALGERIA

Eri prima una pena
che potevo guardarmi nelle mani
sempre dalla tua polvere più arse
per non sapere più d'altro soffrire.
5 Come mi frughi riaffiorata febbre
che mi mancavi e nel perenne specchio
ora di me baleni
quali nel nero porto fanno il giorno
indicibili segni dalle navi
. . . . . . . . . . . . . . .

# FRAMMENTI DI UNA SCONFITTA

= buzzing sound

Tra il brusio di una folla
nel latrato del mare
tra gli ordini e i richiami
mancavo, morivo
5 sotto il peso delle armi.
Ed ecco stranamente simultanee
le ragazze d'un tempo
tutte le mie ragazze tra loro per mano
in semicerchio incontro a me venire
10 non so se soccorrevoli od ostili.

\*

istruzione e allarme

Dicevano i generali:
mimetizzarsi sparire
confondersi amalgamarsi al suolo,
farsi una vita di fronda
5 e mai ingiallire.
Ma l'anima di quali foglie
si vestirà per sfuggire
alla muta non vista osservazione
dell'occhio che scopre in ognuno

10 baleni di rimorso e nostalgia?
Se passa la rombante distruzione
siamo appiattiti corpi,
volti protesi all'alto senza onore.

\*

Così una donna amata e passata ad altri: si muove e
parla, o tace, e ancora si sa che cosa c'è dietro quei
moti e quei silenzi, ma non è il sapere che tutto ciò è
per altri che ti dà pena — o non è solo questo —, è il
sentire che altri ne prova delizia e ci legge e ci scopre, quasi fosse lui il primo, quanto già tu vi hai letto e scoperto; o, peggio, ci vede altro da ciò che tu
vi avevi visto e cancella i tuoi segni, per sostituirvi i
propri, dalla lavagna che è lei.

*la donna é
la patria*

\*

Il nostro tempo d'allora:
i soldati dentro i fossi
mascherati dalle fronde
e come ridenti d'amore.
5 Non fu mai così viva la campagna
né mai così straziante d'abbandoni.
Maggio portò, come sempre, tedeschi...
Ma si udiva compitare l'alato
dialogo dei piloti distanti
10 nella quotidiana regata:
struggente ne avemmo una voglia
di margini d'ombra
e come stille dal remo volante in cadenza
giungevano a noi quelle parole,

15 era l'umida vela del mattino
la guizzante vacanza sugli stagni.

(E come il cielo avrebbe potuto non essere
una tesa freschissima bandiera
a stelle e strisce?
20 Fu così che ci presero).

*

Accadeva come dopo certi sogni. Un amore perduto o un altro ritenuto impossibile o funesto appaiono. Oppure si tratta dell'immagine di persona estranea che d'un tratto, nel sogno, si scioglie in gesti e parole che la fanno amare. Non che al risveglio si corra in cerca di lei o che qualcosa muti, della vita, per questo, ma dal sogno un'acuta dolcezza si prolunga nel giorno e di essa si è vivi...

Fronte di Trapani, 1943

# L'OTTO SETTEMBRE
'43/'63

*Sale macaroni* piove sulla memoria
lo scalpore della solfa ingiuriosa

ma scorporata, volata via dal suo senso

quale forse poté
5 per tutto un pomeriggio spiovere
vivere come ritmo come ciarla d'amore
dentro una stanza d'Orano sul viluppo
di una coppia in affanno, di una copula
negro-francese
10 franco-americana
occupata di tutt'altro
— noialtri in cenci là fuori sulle banchine e

*sale macaroni* la pioggia
*sale macaroni* le foglie
15 *sale macaroni* le navi dentro il porto
*sale macaroni de mon amour*
la guerra girata altrove.

da *GLI STRUMENTI UMANI*

[1965]*

* Vedi Avvertenza p. 45.

# VIA SCARLATTI

Con non altri che te
è il colloquio.

Non lunga tra due golfi di clamore
va, tutta case, la via;
5 ma l'apre d'un tratto uno squarcio
ove irrompono sparuti
monelli e forse il sole a primavera.
Adesso dentro lei par sempre sera.
Oltre anche più s'abbuia,
10 è cenere e fumo la via.
Ma i volti i volti non so dire:
ombra più ombra di fatica e d'ira.
A quella pena irride
uno scatto di tacchi adolescenti,
15 l'improvviso sgolarsi d'un duetto
d'opera a un accorso capannello.

E qui t'aspetto.

## UN RITORNO

Sul lago le vele facevano un bianco e compatto poema
ma pari più non gli era il mio respiro
e non era più un lago ma un attonito
specchio di me una lacuna del cuore.

# NELLA NEVE

Edere? stelle imperfette? cuori obliqui?
Dove portavano, quali messaggi
accennavano, lievi?
Non tanto banali quei segni.
5 E fosse pure uno zampettìo di galline —
se chiaro cantava l'invito
di una bava celeste nel giorno fioco.
Ma già pioveva sulla neve,
duro si rifaceva il caro enigma.
10 Per una traccia certa e confortevole
sbandavo, tradivo ancora una volta.

Mendrisio, '48

# L'EQUIVOCO

Di là da un garrulo schermo di bambini
pareva a un tempo piangere e sorridermi.
Ma che mai voleva col suo sguardo
la bionda e luttuosa passeggera?
5 C'era tra noi il mio sguardo di rimando
e, appena sensibile, una voce:
*amore* — cantava — *e risorta bellezza...*
Così, divagando, la voce asseriva
e si smarriva su quelle
10 amare e dolci allèe di primavera.
Fu il lento barlume che a volte
vedemmo lambire il confine dei visi
e, nato appena, in povertà sfiorire.

## ANCORA SULLA STRADA DI ZENNA

Perché quelle piante turbate m'inteneriscono?
Forse perché ridicono che il verde si rinnova
a ogni primavera, ma non rifiorisce la gioia?
Ma non è questa volta un mio lamento
e non è primavera, è un'estate,
l'estate dei miei anni.
Sotto i miei occhi portata dalla corsa
la costa va formandosi immutata
da sempre e non la muta il mio rumore
né, più fondo, quel repentino vento che la turba
e alla prossima svolta, forse, finirà.
E io potrò per ciò che muta disperarmi
portare attorno il capo bruciante di dolore...
ma l'opaca trafila delle cose
che là dietro indovino: la carrucola nel pozzo,
la spola della teleferica nei boschi,
i minimi atti, i poveri
strumenti umani avvinti alla catena
della necessità, la lenza
buttata a vuoto nei secoli,
le scarse vite che all'occhio di chi torna
e trova che nulla nulla è veramente mutato
si ripetono identiche,
quelle agitate braccia che presto ricadranno,

25 quelle inutilmente fresche mani
che si tendono a me e il privilegio
del moto mi rinfacciano...
Dunque pietà per le turbate piante
evocate per poco nella spirale del vento
30 che presto da me arretreranno via via
salutando salutando.
Ed ecco già mutato il mio rumore
s'impunta un attimo e poi si sfrena
fuori da sonni enormi
35 e un altro paesaggio gira e passa.

# GLI SQUALI

Di noi che cosa fugge sul filo della corrente?
Oh, di una storia che non ebbe un seguito
stracci di luce, smorti volti, sperse
lampàre che un attimo ravviva
5 e lo sbrecciato cappello di paglia
che questa ultima estate ci abbandona.
Le nostre estati, lo vedi,
memoria che ancora hai desideri:
in te l'arco si tende dalla marina
10 ma non vola la punta più al mio cuore.
Odi nel mezzo sonno l'eguale
veglia del mare e dietro quella
certe voci di festa.

E presto delusi dalla preda
15 gli squali che laggiù solcano il golfo
presto tra loro si faranno a brani.

# MILLE MIGLIA

Per fare il bacio che oggi era nell'aria
quelli non bastano di tutta una vita.

Voci del dopocorsa, di furore
sul danno e sulla sorte.
5 Un malumore sfiora la città
per Orlando impigliato a mezza strada
e alla finestra invano
ancor giovane d'anni e bella ancora
Angelica si fa.
10 Voci di dopo la corsa, voci amare:
si portano su un'onda di rimorso
a brani una futile passione.
Folta di nuvole chiare
viene una bella sera e mi bacia
15 avvinta a me con fresco di colline.

Ma nulla senza amore è l'aria pura
l'amore è nulla senza la gioventù.

Brescia, primavera '55

# ANNI DOPO

La splendida là delirante pioggia s'è quietata,
con le rade ci bacia ultime stille.
Ritornati all'aperto
amore m'è accanto e amicizia.
5 E quello, che fino a poco fa quasi implorava,
dall'abbuiato portico brusìo
romba alle spalle ora, rompe dal mio passato:
volti non mutati saranno, risaputi,
di vecchia aria in essi oggi rappresa.
10 Anche i nostri, fra quelli, di una volta?
Dunque ti prego non voltarti amore
e tu resta e difendici amicizia.

## LE SEI DEL MATTINO

Tutto, si sa, la morte dissigilla.
E infatti, tornavo,
malchiusa era la porta
appena accostato il battente.
5 E spento infatti ero da poco,
disfatto in poche ore.
Ma quello vidi che certo
non vedono i defunti:
la casa visitata dalla mia fresca morte,
10 solo un poco smarrita
calda ancora di me che più non ero,
spezzata la sbarra
inane il chiavistello
e grande un'aria e popolosa attorno
15 a me piccino nella morte,
i corsi l'uno dopo l'altro desti
di Milano dentro tutto quel vento.

# UNA VISITA IN FABBRICA
### (1952-1958)

I

Lietamente nell'aria di settembre più sibilo che grido
lontanissima una sirena di fabbrica.
Non dunque tutte spente erano le sirene?
Volevano i padroni un tempo tutto muto
5 sui quartieri di pena:
ne hanno ora vanto dalla pubblica quiete.
Col silenzio che in breve va chiudendo questa calma

                                 [mattina
prorompe in te tumultuando
quel fuoco di un dovere sul gioco interrotto,
10 la sirena che udivi da ragazzo
tra due ore di scuola. Rieccheggia nell'ora di oggi
quel rigoglio ruggente dei pionieri:

                                 sul secolo giovane,
ingordo di futuro dentro il suono in ascesa
la guglia del loro ardimento...
15 ma è voce degli altri, operaia, nella fase calante
stravolta in un rancore che minaccia abbuiandosi
di sordo malumore che s'inquieta ogni giorno
e ogni giorno è quietato — fino a quando?
O voce ora abolita, già divisa, o anima bilingue
20 tra vibrante avvenire e tempo dissipato

o spenta musica già torreggiante e triste.
Ma questa di ora, petulante e beffarda
è una sirena artigiana, d'officina con speranze:
stenta paghe e lavoro nei dintorni.
25 Nell'aria amara e vuota una larva del suono
delle sirene spente, non una voce più
ma in corti fremiti in onde sempre più lente
un aroma di mescole un sentore di sangue e fatica.

## II

La potenza di che inviti si cerchia
che lusinghe: di piste di campi di gioco
di molli prati di stillanti aiuole
e persino fiorirvi, cuore estivo, può superba la rosa.
5 Sfiora torrette, ora, passerelle
la visita da poco cominciata: s'imbuca in un fragore
come di sottoterra, che pure ha regola e centro
e qualcuno t'illustra. Che cos'è
un ciclo di lavorazione? Un cottimo
10 cos'è? Quel fragore. E le macchine, le trafile e
                                              [calandre,
questi nomi per me presto di solo suono nel buio
                                              [della mente,
rumore che si somma a rumore e presto spavento
                                              [per me
straniero al grande moto e da questo agganciato.
Eccoli al loro posto quelli che sciamavano là fuori
15 qualche momento fa: che sai di loro
che ne sappiamo tu e io, ignari dell'arte loro...
Chiusi in un ordine, compassati e svelti,
relegati a un filo di benessere

senza perdere un colpo — e su tutto implacabile
20 e ipnotico il ballo dei pezzi dall'una all'altra sala.


### III

Dove più dice i suoi anni la fabbrica,
di vite trascorse qui la brezza
è loquace per te?
                    Quello che precipitò
nel pozzo d'infortunio e di oblio:
5 quella che tra scali e depositi in sé accolse
e in sé crebbe il germe d'amore
e tra scali e depositi lo sperse:
l'altro che prematuro dileguò
nel fuoco dell'oppressore.
10 Lavorarono qui, qui penarono.
(E oggi il tuo pianto sulla fossa comune)


### IV

«Non ce l'ho — dice — coi padroni. Loro almeno
sanno quello che vogliono. Non è questo,
non è più questo il punto».
                              E raffrontando e
rammemorando:
                «... la sacca era chiusa per sempre
5 e nessun moto di staffette, solo un coro
di rondini a distesa sulla scelta tra cattura
e morte...».
                Ma qui, non è peggio? Accerchiati da
                                        [gran tempo

e ancora per anni e poi anni ben sapendo che non
più duramente (non occorre) si stringerà la morsa.
10 C'è vita, sembra, e animazione dentro
quest'altra sacca, uomini in grembiuli neri
che si passano plichi
uniformati al passo delle teleferiche
di trasporto giù in fabbrica.
                                    Salta su
15 il più buono e il più inerme, cita:
*E di me si spendea la miglior parte*
tra spasso e proteste degli altri — *ma va là* —
                                              [scatenati.

v

La parte migliore? Non esiste. O è un senso
di sé sempre in regresso sul lavoro
o spento in esso, lieto dell'altrui pane
che solo a mente sveglia sa d'amaro.
5 Ecco. E si fa strada sul filo
cui si affida il tuo cuore, ti rigetta
alla città selvosa:
                    — Chiamo da fuori porta.
Dimmi subito che mi pensi e ami.
Ti richiamo sul tardi —.
10 Ma beffarda e febbrile tuttavia
ad altro esorta la sirena artigiana.
Insiste che conta più della speranza l'ira
e più dell'ira la chiarezza,
fila per noi proverbi di pazienza
15 dell'occhiuta pazienza di addentrarsi
a fondo, sempre più a fondo

110

sin quando il nodo spezzerà di squallore e rigurgito
un grido troppo tempo in noi represso
dal fondo di questi asettici inferni.

# IL GRANDE AMICO

Un grande amico che sorga alto su me
e tutto porti me nella sua luce,
che largo rida ove io sorrida appena
e forte ami ove io accenni a invaghirmi...

5 Ma volano gli anni, e solo calmo è l'occhio che
[antivede
perdente al suo riapparire
lo scafo che passava primo al ponte.
Conosce i messaggeri della sorte,
può chiamarli per nome. È il soldato presago.
10 Non pareva il mattino nato ad altro?
E l'ala dei tigli
e l'erta che improvvisa in verde ombrìa si smarriva
non portavano ad altro?
Ma in terra di colpo nemica al punto atteso
15 si arroventa la quota.
Come lo scolaro attardato
— né più dalla minaccia della porta
sbarrata fiori e ali lo divagano —
io lo seguo, sono nella sua ombra.

20 Un disincantato soldato.
Uno spaurito scolaro.

# SCOPERTA DELL'ODIO

Qui stava il torto, qui l'inveterato errore:
credere che d'altro non vi fosse acquisto che d'amore.
Oh le frotte di maschere giulive
oh le comitive musicanti nei quartieri gentili...
5 Alla notte altre musiche rimanda
la terrazza più alta e di nuovo fiorita
si dilunga la strada fuori porta?
Ma venga, a ora tarda, venga un'ora
di vero fuoco un'ora tra me e voi,
10 ma scoppi infine la sacrosanta rissa,
maschere, e i vostri fini giochi
di deturpato amore: nell'esatto
modo mio di non dovuto
amore e dissipato, gente, vi brucerò.

# QUEI BAMBINI CHE GIOCANO

un giorno perdoneranno
se presto ci togliamo di mezzo.
Perdoneranno. Un giorno.
Ma la distorsione del tempo
5 il corso della vita deviato su false piste
l'emorragia dei giorni
dal varco del corrotto intendimento:
questo no, non lo perdoneranno.
Non si perdona a una donna un amore bugiardo,
10 l'ameno paesaggio d'acque e foglie
che si squarcia svelando
radici putrefatte, melma nera.
«*D'amore non esistono peccati,*
s'infuriava un poeta ai tardi anni,
15 *esistono soltanto peccati contro l'amore*».
E questi no, non li perdoneranno.

# SABA

Berretto pipa bastone, gli spenti
oggetti di un ricordo.
Ma io li vidi animati indosso a uno
ramingo in un'Italia di macerie e di polvere.
5 Sempre di sé parlava ma come lui nessuno
ho conosciuto che di sé parlando
e ad altri vita chiedendo nel parlare
altrettanta e tanta più ne desse
a chi stava ad ascoltarlo.
10 E un giorno, un giorno o due dopo il 18 aprile,
lo vidi errare da una piazza all'altra
dall'uno all'altro caffè di Milano
inseguito dalla radio.
«Porca — vociferando — porca». Lo guardava
15 stupefatta la gente.
Lo diceva all'Italia. Di schianto, come a una donna
che ignara o no a morte ci ha ferito.

# DI PASSAGGIO

Un solo giorno, nemmeno. Poche ore.
Una luce mai vista.
Fiori che in agosto nemmeno te li sogni.
Sangue a chiazze sui prati,
5 non ancora oleandri dalla parte del mare.
Caldo, ma poca voglia di bagnarsi.
Ventilata domenica tirrena.
Sono già morto e qui torno?
O sono il solo vivo nella vivida e ferma
10 nullità di un ricordo?

# GLI AMICI

Nell'anno '51 li ricordi
la Giuliana e il Giancarlo
ballerini e acrobati com'erano
con vocazione di poveri
5 di cui sarà il mondo domani,
salute gioventù fierezza scatto.
E oggi? In una torpida
mattina del '60? O di essi e dei figli
bellissimi e terribili di cui
10 con intatta vocazione di poveri
ancora può essere il mondo
domani
per la decima estate non si orna
di nuovo la bocca del Magra?
15 Che tempi — mormori — sempre più confusi
che trambusto di scafi e di motori
che assortita fauna sul mare.
Non lasciatemi qui solo
                                    — stai
per gridare — ritornate...
20 Ma ecco da dietro uno scoglio
sempre forte sui remi
spuntare in soccorso il Giancarlo.

E ti sembra un miracolo.

# APPUNTAMENTO A ORA INSOLITA

La città — mi dico — dove l'ombra
quasi più deliziosa è della luce
come sfavilla tutta nuova al mattino...
«... asciuga il temporale di stanotte» — ride
5 la mia gioia tornata accanto a me
dopo un breve distacco.
«Asciuga al sole le sue contraddizioni»
— torvo, già sul punto di cedere, ribatto.
Ma la forma l'immagine il sembiante
10 — d'angelo avrei detto in altri tempi —
risorto accanto a me nella vetrina:
«Caro — mi dileggia apertamente — caro,
con quella faccia di vacanza. E pensi
alla città socialista?».
15 Ha vinto. E già mi sciolgo: «Non
arriverò a vederla» le rispondo.
                              (Non saremo
più insieme, dovrei dire). «Ma è giusto,
fai bene a non badarmi se dico queste cose,
se le dico per odio di qualcuno
20 o rabbia per qualcosa. Ma credi all'altra
cosa che si fa strada in me di tanto in tanto
che in sé le altre include e le fa splendide,
rara come questa mattina di settembre...

giusto di te tra me e me parlavo:
della gioia».

Mi prende sottobraccio.
«Non è vero che è rara, — mi correggo — c'è,
la si porta come una ferita
per le strade abbaglianti. È
quest'ora di settembre in me repressa
per tutto un anno, è la volpe rubata che il ragazzo
celava sotto i panni e il fianco gli straziava,
un'arma che si reca con abuso, fuori
dal breve sogno di una vacanza.

Potrei
con questa uccidere, con la sola gioia...».

Ma dove sei, dove ti sei mai persa?

«È a questo che penso se qualcuno
mi parla di rivoluzione»
dico alla vetrina ritornata deserta.

# NEL SONNO

### I

Tardi, anche tu li hai uditi
quei passi che salivano alla morte
indrappellati
dall'ordine sparso di un settembre
5 dai suoi già freddi ori, per rientrare nell'ordine
chiuso, coatto, di tante domeniche premilitari
reinventandolo di fierezza e scherno
con tutta la forza del piede, con pudore
di cresimandi della storia,
10 su spalti, per poligoni di tiro,
comparse alla ribalta che poi vanno nel buio
— e ancora tanta forza da bucare la raffica
spezzare muraglie sorvolare anni,
quei loro passi giunti fino a te.

### II

Per tutta la città, nelle strade
per poco ancora vuote un assiduo raschiare,
manifesti a brandelli, vanno a brani
le promesse di ieri e lungo i marciapiedi

5 è già il tritume delle cicale scoppiate.
  Sceso all'incrocio un manovratore
  lavora allo scambio con la sua spranga,
  riavvia giorni e rumore.
  — Ecco i soli sconfitti, i veri vinti… —
10 anonima ammonisce una voce.


### III

Di schianto il braccio s'è abbattuto
e passa ad altri, più forti,
la mano del vincitore.
Dirò che era giusto
5 e tenterò una compostezza
appena contraddetta dagli occhi folli.
Che presto saranno spenti.
Presto sullo sparato del decoro
il bruco del disonore…


### IV

Abboccherà il demente all'esca
dei ragazzi del bar?
Certo che abboccherà
                    e per un niente
nella sua nebbia si ritroverà
5 dalla parte del torto.
Lo picchieranno, dopo, più di gusto.
C'era altro da fare delle domeniche?
I giornali attorno ai chioschi
garruli al vento primaverile:

121

10 viene un tale, canaglia in panni lindi,
su titoli e immagini avventa un suo cagnaccio.
— La sporca politica
e noi sempre pronti a rifondere il danno,
Pantalone che paga —
15 e getta soldi all'accorso edicolante.
Approvazioni, intorno, risa.


V


L'Italia, una sterminata domenica.
Le motorette portano l'estate
il malumore della festa finita.
Sfrecciò vano, ora è poco, l'ultimo pallone
5 e si perse: ma già
sfavilla la ruota vittoriosa.
E dopo, che fare delle domeniche?
Aizzare il cane, provocare il matto...
Non lo amo il mio tempo, non lo amo.
10 L'Italia dormirà con me.
In un giardino d'Emilia o Lombardia
sempre c'è uno come me
in sospetti e pensieri di colpa
tra il canto di un usignolo
15 e una spalliera di rose...


VI


oppure
tra cave e marcite una coppia.
Area da costruzioni — con le case

122

qui giungeremo tra non molto.
5 E intanto finché dura
abbandoniamoci a questi finti prati.
                    *Dove sei perduto amore*
canta l'uomo alla ragazza
saltata oltre il terrapieno.
10 «Hai sempre il sole dalla tua» galante
continua a motteggiarla, ritrovandola
di là, capelli al vento gola giovane
anche più bionda a quel ritorno di sole.
Ma poi, divisi dalla folla
15 separati passando *tra la folla che non sa*,
cosa vive di un giorno? di noi o di noi due?
            Il distacco, l'andarsene
sul filo di una musica che è già d'altro tempo
                guardando in ogni volto
                        *e non sei tu.*
20 Qui dunque si chiude la giovinezza,
su uno scambio di persona?
Ma sì, quella sfilata di tetti
quei balconi e terrazze
rapido ponte tra noi ogni mattina
25 e a sera lenta fuga...
già domani potresti abbandonarti
a un'altra onda di traffico, tentare
un diverso versante,
mutare gente e rione
                    e me su uno
30 di questi crolli del cuore, di queste repentine
radure di città lasciare
con l'amaro di una perdita
con quei passi di loro tardi uditi.
Solitudine, solo orgoglio...
                    Geme

123

35 da loro in noi nascosta una ferita
  e le dà voce il vento dalla pianura,
  l'impietra nelle lapidi.

# I VERSI

*[handwritten: end of poetry draught where to go.]*

Se ne scrivono ancora.
Si pensa a essi mentendo
ai trepidi occhi che ti fanno gli auguri
l'ultima sera dell'anno.
Se ne scrivono solo in negativo
dentro un nero di anni     *[handwritten: anni neri – 60s.]*
come pagando un fastidioso debito
che era vecchio di anni.
No, non è più felice l'esercizio.   *[handwritten: no desire for poetry]*
Ridono alcuni: tu scrivevi per l'Arte.
Nemmeno io volevo questo che volevo ben altro.
Si fanno versi per scrollare un peso
e passare al seguente. Ma c'è sempre
qualche peso di troppo, non c'è mai
alcun verso che basti
se domani tu stesso te ne scordi.

# IL MALE D'AFRICA

*a Giansiro che va in Algeria (1958)*

Una motocicletta solitaria.
Nei tunnel, lungo i tristi
cavalcavia di Milano
un'anima attardata. Mah!
5 È passata, e ora fa la sua strada
e un'eco a noi appena ne ritorna,
col borbottìo della pentola familiare
nei tempi che si vanno quietando.
Diversa da Orano cantava
10 la corsa del treno sul finire della guerra
e che bel sole sul viaggio e a sciami
bimbetti, moretti sempre più neri
di stazione in stazione
già con tutta alle spalle l'Algeria.
15 Pensa — dicevo — la guerra è sul finire
e ponente ponente mezzogiorno
guarda che giro per rimandarci a casa.
E dei bimbi moretti sempre più neri
di stazione in stazione
20 *give me bonbon good American please*
la litania implorante. Rimbombava
la eco tra viadotti e ponti lungo
un febbraio di fiori intempestivi
ritornava a un sussulto di marmitte

126

che al sole fumavano allegre
e a quel febbrile poi sempre più fioco
ritmo di ramadàn
che giorni e giorni ci durò negli orecchi
ci fermammo e fu,
calcinata nel verbo
sperare nel verbo desiderare,
Casablanca.
                    E poi?
Ho visto uomini stravolti
nelle membra — o bidonville! —
barracani gonfiarsi all'uragano
altri petali accendersi — «*sono astri
perenni*», «*no, sono fiori caduchi*», discorsi
di cattività —
farsi di estiva cenere,
e quando più non si aspettava quasi
fummo sul flutto sonoro
diretti a una vacanza
di volti di là dal mare, da una
nereggiante distanza, in famiglia
coi gabbiani che fidenti
si abbandonavano all'onda.
Ma caduta ogni brezza, navigando
oltre Marocco all'isola dei Sardi
una febbre fu in me:
non più quel folle
ritmo di ramadàn
                    ma un'ansia
una fretta d'arrivare
quanto più nella sera
d'acque stagnanti e basse
l'onda s'ottenebrava

rotta da luci fiacche — e
                    Gibilterra! un latrato,
il muso erto d'Europa, della cagna
che accucciata lì sta sulle zampe davanti:
*Tardi, troppo tardi alla festa*
60 — scherniva la turpe gola —
*troppo tardi!* e altro di più confuso
sul male appreso verbo
della bianca Casablanca.

                          *

Questa ciarla non so se di rincorsa o fuga
65 vecchia di dieci o più anni
di un viaggio tra tanti... — s'inquietano i tuoi occhi —
e nessuna notizia d'Algeria.
No, nessuna — rispondo. O appena qualche groppo
convulso di ricordo: un giorno mai finito, sempre
70 al tramonto — e sbrindellato, scalzo
in groppa a un ciuco, ma col casco
d'Africa ancora in capo
un prigioniero come me
presto fuori di vista di dietro la collina.
75 Quanto restava dell'impero...
                          e il piffero
ramingo tra le tende a colmare la noia
e, non appena zitto, quel vuoto di radura
dove il fuoco passò e gli zingari...
Trafitture del mondo che uno porta su sé
80 e di cui fa racconto a Milano
tra i vetri azzurri a Natale di un inverno di sole
mentre — *Symphonie* nelle case, *Symphonie*
*d'amour* per le nebbiose strade — la nuova

gioventù s'industria a rianimare il ballo.

5 Siamo noi, vuoi capirlo, la nuova
gioventù — quasi mi gridi in faccia — in credito
sull'anagrafe di almeno dieci anni...

Portami tu notizie d'Algeria
— quasi grido a mia volta — di quanto
10 passò di noi fuori dal reticolato,
dimmi che non furono soltanto
fantasmi espressi dall'afa,
di noi sempre in ritardo sulla guerra
ma sempre nei dintorni
15 di una vera nostra guerra... se quanto
proliferò la nostra febbre d'allora
è solo eccidio tortura reclusione
o popolo che santamente uccide.

Questo avevo da dire
20 questo groppo da sciogliere
nell'ultimo sussulto di gioventù
questo rospo da sputare,
ma a te fortuna e buon viaggio
borbotta borbotta la pentola familiare.

# UN SOGNO

Ero a passare il ponte
su un fiume che poteva essere il Magra
dove vado d'estate o anche il Tresa,
quello delle mie parti tra Germignaga e Luino.
5 Me lo impediva uno senza volto, una figura plumbea.
«Le carte» ingiunse. «Quali carte» risposi.
«Fuori le carte» ribadì lui ferreo
vedendomi interdetto. Feci per rabbonirlo:
«Ho speranze, un paese che mi aspetta,
10 certi ricordi, amici ancora vivi,
qualche morto sepolto con onore».
«Sono favole, — disse — non si passa
senza un programma». E soppesò ghignando
i pochi fogli che erano i miei beni.
15 Volli tentare ancora. «Pagherò
al mio ritorno se mi lasci
passare, se mi lasci lavorare». Non ci fu
modo d'intendersi: «Hai tu fatto
— ringhiava — la tua scelta ideologica?».
20 Avvinghiati lottammo alla spalletta del ponte
in piena solitudine. La rissa
dura ancora, a mio disdoro.
Non lo so
chi finirà nel fiume.

# ANCORA SULLA STRADA DI CREVA

Poteva essere lei la nonna morta
non so da quanti anni.
Uscita a tardo vespro
dalla sua cattolica penombra,
al tempo che detto è dell'estate *apparizione*
di San Martino o dei Morti.
Una vecchia vermiglia del suo riso.
Cantavano gli uccelli dalle rogge
e quante ancora verdi intatte foglie
recava in grembo l'autunno.
Ilare ci fu innanzi
come la richiedemmo della via
nella seta del suo parasole,
nei lustrini dell'abito. E nulla fu
a fronte del riso vermiglio
la cattolica penombra, nulla fu
la gramaglia dell'abito. Né so
che mai vedesse di noi
del giorno e di altro accaldati.
Forse in luogo di noi vide una nube
e lei a quella parlava:
«Ti conosco, — diceva — mascherina,
così brava a nasconderti tra incantevoli fumi.
Già una volta ti ho colta

25 sulla guancia ancora intatta d'una
che per amore, in cerca
di una quieta corrente, s'era tolta alla vita:
con che fermezza, che forza quelle mani
tendevano al sonno gli arbusti
30 strappati all'ultima riva.
Oggi lo so, non piansi quella fine,
ma quella forza che ti sconfessava
abbandonandosi a te... Maschera detta amore,
bella roba che sei.
                              Per un po' d'ombra che fa
35 più vive le acque più battute le siepi più frenetico
                                                      [giugno
quanti anni di vuoto appena dopo, anni
di navata e corsia
di campane smemoranti di
fuligginose sere: c'era sino a poco fa
40 un così bel sole — e per pigrizia o noia
o distrazione non siamo usciti a goderlo.
Vedi come hai sporcato la mia vita
di tremore e umiltà».

Così delirando di una perduta forza
45 di una remota gioia, così oltre noi dileguando
scovava, svergognandola, la morte
ancora occulta tra noi. E da quel giorno
e quell'ora
d'amore più non ti parlai amore mio.

## INTERVISTA A UN SUICIDA

L'anima, quello che diciamo l'anima e non è
che una fitta di rimorso,
lenta deplorazione sull'ombra dell'addio
mi rimbrottò dall'argine.

5 Ero, come sempre, in ritardo
e il funerale a mezza strada, la sua furia
nera ben dentro il cuore del paese.
Il posto: quello, non cambiato — con memoria
di grilli e rane, di acquitrino e selva
10 di campane sfatte —
ora in polvere, in secco fango, ricettacolo
di spettri di treni in manovra
il pubblico macello discosto dal paese
di quel tanto...

                    In che rapporto con l'eterno?
15 Mi volsi per chiederlo alla detta anima, cosiddetta.
Immobile, uniforme
rispose per lei (per me) una siepe di fuoco
crepitante lieve, come di vetro liquido
indolore con dolore.
20 Gettai nel riverbero il mio *perché l'hai fatto?*
Ma non svettarono voci lingueggianti in fiamma,

non la storia di un uomo:

> simulacri,

e nemmeno, figure della vita.


> *La porta*
> *carraia, e là di colpo nasce la cosa atroce,*
25 *la carretta degli arsi da lanciafiamme...*
> *rinvenni, pare, anni dopo nel grigiore di qui*
> *tra cassette di gerani, polvere o fango*
> *dove tutto sbiadiva, anche*
> *— potrei giurarlo, sorrideva nel fuoco —*
30 *anche... e parlando ornato:*
> *«mia donna venne a me di Val di Pado»*
> *sicché (non quaglia con me — ripetendomi —*
> *non quagliano acque lacustri e commoventi pioppi*
> *non papaveri e fiori di brughiera)*
35 *ebbi un cane, anche troppo mi ci ero affezionato,*
> *tanto da distinguere tra i colpi del qui vicino*

> *[mattatoio*

> *il colpo che me lo aveva finito.*
> *In quanto all'ammanco di cui facevano discorsi*
> *sul sasso o altrove puoi scriverlo, come vuoi:*


40 NON NELLE CASSE DEL COMUNE
L'AMMANCO
ERA NEL SUO CUORE


Decresceva alla vista, spariva per l'eterno.
Era l'eterno stesso

> puerile, dei terrori

45 rosso su rosso, famelico sbadiglio
della noia

> col suono della pioggia sui sagrati...

Ma venti trent'anni
fa lo stesso, il tempo di turbarsi
tornare in pace gli steli
50 se corre un motore la campagna,
si passano la voce dell'evento

ma non se ne curano, la sanno lunga
le acque falsamente ora limpide tra questi
oggi diritti regolari argini,
                                        lo spazio
55 si copre di case popolari, di un altro
segregato squallore dentro le forme del vuoto.
                                                    ...Pensare

cosa può essere — voi che fate
lamenti dal cuore delle città
sulle città senza cuore —
60 cosa può essere un uomo in un paese,
sotto il pennino dello scriba una pagina frusciante
e dopo
dentro una polvere di archivi
nulla nessuno in nessun luogo mai.

# IL PIATTO PIANGE

Così ridotti a pochi li colse la nuova primavera —
alcuni andati non lontano spostati
non di molto, di qualche dosso o crinale fuori di vista
o di voce, distanti un suono di campane
5 a seconda del vento sui pianori,
altri persi per sempre murati in un lavoro
dentro scroscianti città.
                              E quelli qui restati?
Qua sotto, venivano qua sotto, nel sottoscala
e per giorni per notti tappati dentro sprangati
10 gli usci turata ogni fessura: *vedo passo rilancio*
*come quando fuori piove* al riparo dall'esistere o
                                                    [piuttosto,
fiorisse la magnolia o il glicine svenevole,
dalla ripetizione dell'esistere...
                              e no
no il fendente di platino della schiarita sulle acque
15 no la bella stagione la primavera e i nuovi fidanzati.
Sul torrente del seme chissà non s'avviasse la bella
                                                    [compagnia
ad altri imbarchi altri guadi
verso selve scurissime vampe di ribes uve nere
ai confini dell'informe?

20 Io dunque come loro loro dunque come me

come loro come me fuggendo, con parole con
                              [musiche
agli orecchi, un frastornante chicchirichì — da che
                              [distanza —
un disordine cocente, di deliquio? La solitudine?
E allora dentro il fuoco risorgivo di sé
25 *essere* per qualche istante, io noi, solitudine?
Per qualche metro sotto il filo del suolo?
                              O miei prodi...
cadono le picche ai fanti i fiori alle regine —
e la notte muso precario è ai pertugi
stilla un buio tumefatto
                    di palude
30 rifiuti d'ogni specie. Ma dove c'è rifiuti,
dice uno allarmandosi, c'è vita — e
un colpo di vento tra pareti e porte
con la disperazione che negando assevera
(non è una bisca questa non un bordello questa casa
                              [onorata)
35 spazzerà le carte una voce di vento
e ci buttano fuori.

# SOPRA UN'IMMAGINE SEPOLCRALE

Il sorriso balordo che mi fermò tra le lapidi
e le croci, nella piccola selva
dei morti innocenti, delle vite
appena accese e spente nel candore
5  era la stessa mia stupefazione
che avesse in tanti anni fatto così poca strada.

*O dormiente, che cosa è sonno?*
                                        Il sonno...

E qui egli sta tra i pargoli innocenti
stupefatto nel marmo
10 come se un Tu dovesse veramente
ritornare
a liberare i vivi e i morti.
E quante lagrime e seme vanamente sparso.

# A UN COMPAGNO D'INFANZIA

### I

Non resta più molto da dire
e sempre lo stesso paesaggio si ripete.
Non rimane che aggirarlo
noi due nel vento urlandoci confidenze futili
5 e crederle riepiloghi, drammatiche
verità sulla vita.
                    «Ma tu hai la bellezza...».
                        «Chiacchiere
nel vento tenebroso, religione
della morte: gli anni che passano
10 tali e quali, la collina che riavvampa in autunno,
i campanili
assolati imperterriti,
pietrificate ossa di morti, le nostre
radici troppo simili, da troppo
15 per non dolersi insieme, che quel vento
fa gemere...».

Un'autostrada presto porterà un altro vento
tra questi nomi estatici: Creva
Germignaga Voldomino la
20 Trebedora — rivivranno

con altro suono e senso
in una luce d'orgoglio...
Non che sia questo la bellezza,

                ma

la frustata in dirittura, il gesto
25 perentorio
sul cruccio che scempiamente si rigira in noi,
il saperla sempre a un passo da noi,
la bellezza, in un'aria frizzante:
questo,
30 che oscuramente cercano i libertini
e che ho imparato lavorando.


                II


Addio addio ripetono le piante.
Addio anche a me tocca ora di dirti
con la stessa tenerezza
e intensità, con la stessa
5 umiltà delle piante
che a stormire però continueranno
fuori dallo sguardo immediato.
Non c'è nessuno, sembra, al ponte
che ripasserò tra poco: non figuro mascherato
10 d'inesistenza non querulo viandante.
Dunque via libera, e basta con le visioni!
Nella domenica confusa
di un fiume alla sua foce si colluttano
salutarmente in me...

# DALL'OLANDA

*Amsterdam*

A portarmi fu il caso tra le nove
e le dieci d'una domenica mattina
svoltando a un ponte, uno dei tanti, a destra
lungo il semigelo d'un canale. E non
5 *questa è la casa*, ma soltanto
— mille volte già vista —
sul cartello dimesso: «Casa di Anna Frank».

Disse più tardi il mio compagno: quella
di Anna Frank non dev'essere, non è
10 privilegiata memoria. Ce ne furono tanti
che crollarono per sola fame
senza il tempo di scriverlo.
Lei, è vero, lo scrisse.
Ma a ogni svolta a ogni ponte lungo ogni canale
15 continuavo a cercarla senza trovarla più
ritrovandola sempre.
Per questo è una e insondabile Amsterdam
nei suoi tre quattro variabili elementi
che fonde in tante unità ricorrenti, nei suoi
20 tre quattro fradici o acerbi colori
che quanto è grande il suo spazio perpetua,
anima che s'irraggia ferma e limpida
su migliaia d'altri volti, germe

dovunque e germoglio di Anna Frank.
25 Per questo è sui suoi canali vertiginosa Amsterdam.

# NEL VERO ANNO ZERO

Meno male lui disse, il più festante: che meno male
                                    [c'erano tutti.
Tutti alle Case dei Sassoni — rifacendo la conta.
Mai stato in Sachsenhausen? Mai stato.
A mangiare ginocchio di porco? Mai stato.
5 Ma certo, alle case dei Sassoni.
Alle Case dei Sassoni, in Sachsenhausen, cosa c'è di
                                    [strano?
Ma quante Sachsenhausen in Germania, quante case.
Dei Sassoni, dice rassicurante
caso mai svicolasse tra le nebbie
10 un'ombra di recluso nel suo gabbano.
No non c'ero mai stato in Sachsenhausen.

E gli altri allora — mi legge nel pensiero —
quegli altri carponi fuori da Stalingrado
mummie di già soldati
15 dentro quel sole di sciagura fermo
sui loro anni aquilonari... dopo tanti anni
non è la stessa cosa?

Tutto ingoiano le nuove belve, tutto —
si mangiano cuore e memoria queste belve onnivore.
20 A balzi nel chiaro di luna s'infilano in un night.

# IL MURO

Sono
quasi in sogno a Luino
lungo il muro dei morti.
Qua i nostri volti ardevano nell'ombra
5  nella luce rosa che sulle nove di sera
piovevano gli alberi a giugno?
Certo chi muore... ma questi che vivono
invece: giocano in notturna, sei
contro sei, quelli di Porto
10 e delle Verbanesi nuova gioventù.
Io da loro distolto
sento l'animazione delle foglie
e in questa farsi strada la bufera.
Scagliano polvere e fronde scagliano ira
15 quelli di là dal muro —
e tra essi il più caro.
                «Papà — faccio per difendermi
puerilmente — papà...».

Non c'è molto da opporgli, il tuffo
di carità il soprassalto in me quando leggo
20 di fioriture in pieno inverno sulle alture
che lo cerchiano là nel suo gelo al fondo,
se gli porto notizie delle sue cose

se le sento tarlarsi (la duplice
la subdola fedeltà delle cose:
5 capaci di resistere oltre una vita d'uomo
e poi si sfaldano trasognandoci anni o momenti dopo)
su qualche mensola
in via Scarlatti 27 a Milano.

Dice che è carità pelosa, di presagio
10 del mio prossimo ghiaccio, me lo dice come in gloria
rasserenandosi rasserenandomi
mentre riapro gli occhi e lui si ritira ridendo
— e ancora folleggiano quei ragazzi animosi contro
[bufera e notte —
lo dice con polvere e foglie da tutto il muro
15 che una sera d'estate è una sera d'estate
e adesso avrà più senso
il canto degli ubriachi dalla parte di Creva.

# PANTOMIMA TERRESTRE

*… auprès de margelles dont on a soustrait les puits.*

René Char

Ma senti — dice — che meraviglia quel *cip* sulle
[piante
di ramo in ramo come se il poker continuasse
[all'aperto:
dimmi se non è stupenda la vita.

Chiaro che cerca di prendermi per il mio verso.
5 Vorrei rispondergli con un'inezia della mente
un'altra delle mie tra le tante
(gente screziata di luna per porticati
e uno attorno tra loro, dall'uno all'altro:
assaggiate questa fresca delizia).

10 Certo, — rispondo invece — è stupenda. Vuoi
[testimoni?
Prove per assurdo? Controprove?
Eccoti di giorno in giorno la mia acredine
la mia insofferenza di gente in gente
(ma queste brezze tra le secche e le rapide
15 tra i diluvi e le requie dell'essere questi balsami…).

Pare bastargli: ma dunque (benedicente, bonario)
ma allora, coraggio!
Per giravolte di scale

146

va su col suo coraggio.
                    Parli — gli grido dietro —
come un credente di non importa che fede.
20 E lui per rami di scale, mezza faccia già disfatta
mezza in ombra, canzonandomi con parole d'autore:
                              [¿le gusta

*este jardin que es suyo? Evite...*
dal basso gli completo la frase: *que sus hijos lo*
                              [*destruyan*
rifacendogli il verso.


25 Ma se è già guasto, con queste stesse mani:
e tu chi sei tu così avanti sulla scala del giudizio
e del valore, dillo ai tuoi discepoli e seguaci
ai tuoi consoci, vengano a questi bicchieri
di delizia a questi apparati di fresco
30 ma in comunione ma tutti ma in una volta sola.


È rimasta una chiazza una pozza di luce
non convinta di sé un pozzo di lavoro con attorno
un girotondo di prigionieri (dicono) sulla parola:
sanno di un bagliore che verrà
35 con dentro, a catena, tutti i colori della vita
— e sarà insostenibile.


Sembra allora di capirlo a che si ostinano
dove puntano che cosa vogliono o non vogliono
che cosa negano che scappatoie infilano
40 i motori nella giostra serale
con quelli che fingono a ogni giro di andare via per
                              [sempre

con quelli che fingono a ogni giro di arrivare
dentro un paese nuovo per cominciare ex novo
— e i primi lampi
             lo scroscio sulle foglie
                              l'insensatezza estiva.

# LA SPIAGGIA

Sono andati via tutti —
blaterava la voce dentro il ricevitore.
E poi, saputa: — Non torneranno più —. *like in strada di zona.*

Ma oggi
5 su questo tratto di spiaggia mai prima visitato
quelle toppe solari... Segnali
di loro che partiti non erano affatto?
E zitti quelli al tuo voltarti, come niente fosse.

I morti non è quel che di giorno
10 in giorno va sprecato, ma quelle
toppe d'inesistenza, calce o cenere
pronte a farsi movimento e luce.
                              Non
dubitare, — m'investe della sua forza il mare —
parleranno.

da *STELLA VARIABILE*

[1981]*

* Vedi Avvertenza p. 45.

# QUEI TUOI PENSIERI DI CALAMITÀ

    e catastrofe
nella casa dove sei
venuto a stare, già
abitata
5 dall'idea di essere qui per morirci
venuto
— e questi che ti sorridono amici
questa volta sicuramente
stai morendo lo sanno e perciò
10 ti sorridono.

# ADDIO LUGANO BELLA

*quando nella notte ce ne andammo*
Bartolo Cattafi

Dovrò cambiare geografie e topografie.
Non vuole saperne,
mi rinnega in effigie, rifiuta
lo specchio di me (di noi) che le tendo.
5 Ma io non so che farci se la strada
mi si snoda di sotto
come una donna (come lei?)
con giusta impudicizia.
              E dopo tutto
ho pozzi in me abbastanza profondi
10 per gettarvi anche questo.
Ecco che adesso nevica...
Ma io, mia signora, non mi appello al candore della
                                     [neve
alla sua pace di selva
                   conclusiva
o al tepore che sottende di ermellini
15 legni bracieri e cere dove splendono virtù
altrove dilaniate fino al nonsenso
ma vizze qui, per poco che le guardi,
come bandiere flosce.
Sono per questa — notturna, immaginosa — neve
                                   [di marzo
20                   plurisensa
di petali e gemme in diluvio tra montagne

incerte laghi transitori (come me,
ululante di estasi alle colline in fiore?
falso-fiorite, un'ora
25 di sole le sbrinerà),
per il suo turbine il suo tumulto
che scompone la notte e ricompone
laminandola di peltri acciai leggeri argenti.
Ne vanno alteri i gentiluomini nottambuli
30 scesi con me per strada
                      da un quadro
visto una volta, perso
di vista, rincorso tra altrui reminiscenze
o soltanto sognato.

# INTERNO

Basta con le botte basta. All'aperto
per tutto un pomeriggio ci siamo malmenati.
Finisca in parità.
Le colline si coprono di vento. Altri già
5 battagliano là fuori, la parola
è alle giovani frasche avventantisi ai vetri
alle eriche alle salvie in ondate
sempre più folte e torbide,
presto una sola deriva.
10 Questo sarebbe la pace? Stringersi
a un fuoco di legna
al gusto morente del pane alla
trasparenza del vino
dove pensosamente si rinfocola
15 il giorno da poco andato giù
dalle rupi col grido dei pianori
nel vello dei dirupi nel velluto
delle false distanze fin che ci piglia il sonno?

# CRESCITA

È cresciuta in silenzio come l'erba
come la luce avanti il mezzodì
la figlia che non piange.

# DI TAGLIO E CUCITO

Il giocattolo,
pecora o agnello che rappezzi
per ingiunzione della piccola,
di testa forte più di quanto non dica
5 il suo genere ovino
è in famiglia con te. Il tuo profilo
caparbio a ricucire il giocattolo
e quella testa forte: paziente
nell'impazienza — e il tuo cipiglio
10 che pure non molla la presa
sulla mia vita che va per farfalle
e per baratri... Per ogni
graffio un rammendo, per ogni sbrego
una toppa.
Quanto vale
15 il lavoro di una
rammendatrice, quanto
la tua vita?

Marzo, 1961

# SARÀ LA NOIA

dei giorni lunghi e torridi
ma oggi la piccola
Laura è fastidiosa proprio.
Smettila — dico — se no…
5 con repressa ferocia
torcendole piano il braccino.

Non mi fai male non mi fai
male, mi sfida in cantilena
guardandomi da sotto in su
petulante ma già
in punta di lagrime,
non piango nemmeno vedi.

Vedo. Ma è l'angelo
nero dello sterminio
quello che adesso vedo
lucente nelle sue bardature
di morte
e a lui rivolto in estasi
il bambinetto ebreo
invitandolo al gioco
del massacro.

# GIOVANNA E I BEATLES

Nel mutismo domestico nella quiete
pensandosi inascoltata e sola
ridà fiato a quei redivivi.
Lungo una striscia di polvere lasciando
5 dietro sé schegge di suono
tra pareti stupefatte se ne vanno
in uno sfrigolìo
i beneamati Scarafaggi.

Passato col loro il *suo* momento già?

10 Più volte agli incroci agli scambi della vita
risalito dal niente sotto specie di musica
a sorpresa rispunta un diavolo sottile
un infiltrato portatore di brividi
— e riavvampa di verde una collina
15 si movimenta un mare —
seduttore immancabile sin quando
non lo sopraffanno e noi con lui altre musiche.

# OGNI VOLTA CHE QUASI

di soppiatto ripasso da Luino
sulla piazza del lago
schizzato fuori da un negozio corre
un tale ad abbracciarmi
farfugliando il nome di mia madre.
Faceva lo stesso anni fa
un suo fratello più grande
e come allora adesso subitanea
sbocciata da una parete d'argilla
a ritroso lungo la trafila
dei morti ci stravolge una mano.

# UN POSTO DI VACANZA

## I

Un giorno a più livelli, d'alta marea
— o nella sola sfera del celeste.
Un giorno concavo che è prima di esistere
sul rovescio dell'estate la chiave dell'estate.
5 Di sole spoglie estive ma trionfali.
Così scompaiono giorno e chiave
nel fiotto come di fosforo
della cosa che sprofonda in mare.

Mai la pagina bianca o meno per sé sola invoglia
10 tanto meno qui tra fiume e mare.
Nel punto, per l'esattezza, dove un fiume entra nel
[mare.
Venivano spifferi in carta dall'altra riva:
*Sereni esile mito*
*filo di fedeltà non sempre giovinezza è verità*

. . .

*Strappalo quel foglio bianco che tieni in mano.*
15 Fogli o carte non c'erano da giocare, era vero. A
[mani vuote
senza messaggio di risposta tornava dall'altra parte
[il traghettatore.

Un fiume negro — aveva promesso l'amico —
un bel fiume negro d'America.
Questo era il dato invogliante. Opulento a fine corsa
pachidermico
        in certe ore di calma.
                Era in principio solo canne
polverose e, dalla foce, mare da carboniere...
Chissà che di lì traguardando non si allacci nome a
                          [cosa
... (la poesia sul posto di vacanza).
Invece torna a tentarmi in tanti anni quella voce
(era un disco) di là, dall'altra riva. Nelle sere di
                      [polvere e sete
quasi la si toccava, gola offerta alla ferita d'amore
sulle acque. Non scriverò questa storia.

Al buio tra canneti e foglie dell'altra riva
facevano discorsi: sulla — è appena un esempio —
retroattività dell'errore. Ma uno di sinistra
di autentica sinistra (mi sorprendevo a domandarmi)
come ci sta come ci vive al mare?
Sebbene fossero (non tutti) più forti rematori
                    [nuotatori di me.
Anno: il '51. Tempo del mondo: la Corea.
Certe volte — dissi col favore del buio — a sentire
                    [voi parlare
si sveglia in me quel negro che ho tradotto:
«Hai cantato, non parlato, né interrogato il cuore delle
cose: come puoi conoscerle?» dicono ridendo
gli scribi e gli oratori quando tu...
Ma intanto si disuniva la bella sera sul mare
e sui discorsi sui tavoli sui recinti di canne
dove ballavano scalzi el pueblo del alma mia

si dichiarò autunnale il tocco delle foglie
45 confusione e scompiglio sulla riva sinistra.


Qua sopra c'era la linea, l'estrema destra della
                                    [Gotica,
si vedono ancora — ancora oggi lo ripeto
ai nuovi arrivi con la monotonia di una guida —
le postazioni dei tedeschi.
50 Dal Forte gli americani tiravano con l'artiglieria
e nel '51 la lagna di un raro fuoribordo su per il fiume
era ancora sottilmente allarmante,
qualunque cosa andasse sul filo della corrente
passava per una testa mozza di trucidato.
55 Ancora balordo di guerra, di quella guerra
solo questo mi univa a quei parlanti parlanti
e ancora parlanti sull'onda della libertà...



                         II
              *voices from far away*

Tornerà il caldo.
Va a zero la bolla di colore estivo, si restringe su un
                                    [minimo
punto di luce dove due s'imbucano spariscono nel
                                    [sempreverde
dando di spalle al mio male
5 — e io al mare — e sull'attimo
di cecità di silenzio si dilata uno sparo.
Chi ha fatto chi fa fuoco nella radura chi
ha sparato nel folto tra campagna e bosco
lungo i filari?
              Di qui non li vedo,
10 solo adesso ricordo che è il primo giorno di caccia.

164

Non scriverò questa storia — mi ripeto, se mai
una storia c'era da raccontare.
                                    Sentire
cosa ne dicono le rive
(la sfilata delle rive
                le rive
                        come proposte fraterne:
15 ma mi avevano previsto sono mute non inventano
                                        [niente per me).
Pare non ci sia altro: il mio mutismo è il loro.
Ma il sogno delle canne, le canne in sogno ostinate
a fare musica d'organo col fiume...
sono indizi di altre pulsazioni. Vorrei, io solo
                                        [indiziato,
20 vorrei che splendessero come prove — io una tra loro.
Una infatti si accende
a ora tarda
            lo scherno della luna ancora intatta
inviolata
            sulla nera deriva sul tramestìo delle acque.
Sul risucchio sul nero scorrimento
25 altre si accendono sulla riva di là
— lampade o lampioni — anche più inaspettate,
luci umane evocate di colpo — da che mani
su quali terrazze? — Le suppongo segni convenuti
non so più quando o con chi
30 per nuove presenze o ritorni.
— Facciamo che da anni t'aspettassi —
da un codice disperso è la mia controparola.
Non passerà la barriera di tenebra e di vento.
Non passerà il richiamo già increspato d'inverno
35 a un introvabile
                traghettatore.

Così lontane immotivate immobili
di là da questo acheronte
non provano nulla non chiamano me
né altri quelle luci.

40 Tornerà il caldo.
Guizza frattanto uno stormo di nuove ragazze in fiore
lasciandosi dietro un motivo:
dolcetto con una punta di amaro
tra gli arenili e i moli ritorna, non smette mai,
45 come ogni cosa qui
si rigira si arrotola su sé. Di là dagli oleandri,
mio riparo dalla vista del mare,
là è la provocazione e la sfida —
un natante col suo eloquio
50 congetturante:
confabula dietro uno scoglio sale di giri vortica via
triturando lo spazio in un celeste d'altura
con suoni di officina monologa dialoga a distanza —
un'officina liquida, un deliquio
55 itinerante
di sagra agostana in mortorio di fine estate —
                                        e l'onda
rutilante, oceanica
con bagliori di freddo sul frangente
obliquo a invetriare sguardi e voci nell'estate
                                        [tirrenica...
60 qui si rompe il poema sul posto di vacanza
travolto da tanto mare —
e vinto il naturale spavento
ecco anche me dalla parte del mare
fare con lui tutt'uno
65 senza zavorra o schermo di parole,

fendere il poco di oro che rimane
sulle piccole isole
postume al giorno tra le scogliere in ombra già:
ancora un poco, ed è daccapo il nero.


### III

*«memoria che ancora hai desideri»*
*dici che non l'intendi — o, se l'intendi, non ami*

couple — pleasures of ♡

I due che vanno lungo il fiume azzurri e bianchi
cosa mai si diranno? Allacciati o disgiunti
da anni li vedo passare
danzanti nel riverbero e nel vento.
5 Ritta sulla vertigine, estatica indugiando con lo
[sguardo
sulle colline prossime e più lontane rupi,
a dito segnando in controluce città
che forse furono e non saranno mai —
«Tutto questo,» dice la donna, «ti darò
10 se prosternandoti mi adorerai».
Ma l'uomo, impari al sogno e alla sopraffazione
si disanima presto, non li solleva una musica più.
*E quasi niuna*
*di queste cose stata fosse*, torna
15 lei quello che stata era:
un'ombra del sangue e della mente
e verso la marina
*in picciola ora si dileguarono*.

È il teatro di sempre, è la guerra di sempre.
20 Fabbrica desideri la memoria,

167

poi è lasciata sola a dissanguarsi
su questi specchi multipli.
                              Ma guarda
— tornano voci dalla foce — guarda da un'ora
                              [all'altra
come cambiano i colori: di grigio in verde, di verde
25 in freschissimo azzurro.
Amalo dunque — da cosa a cosa
è la risposta, da specchiato a specchiante —
amalo dunque il mio rammemorare
per quanto qui attorno s'impenna sfavilla si sfa:
30 è tutto il possibile, è il mare.


IV


Mai così — si disse rintanandosi
tra le ripe lo scriba — mai stato
così tautologico il lavoro, ma neppure mai
ostico tanto tra tante meraviglie.
5 Guardò lo scafo allontanarsi tra due ali di fresco,
sfucinare nell'alto — e già era fuori di vista, nel
                              [turchino,
rapsodico dattilico fantasticante
perpetuandosi nell'indistinto di altre estati.
Amò, semmai servissero al disegno,
10 quei transitanti un attimo come persone vive
e intanto
sull'omissione il mancamento il vuoto che si pose
tra i dileguati e la sogguardante la
farfugliante animula lì
15 crebbe il mare, si smerigliò il cristallo
di poco prima, si frantumò

e un vetro in corsa di là dalla deriva
raggiò sopravento l'ultimo enigma estivo.
Passano — tornava a dirsi — tutti assieme gli anni
e in un punto s'incendiano, che sono io
custode non di anni ma di attimi
— e più nessuno che giungere doveva e era atteso
più nessuno verrà sulle acque spopolate.

(Che fosse in ansie per Angeliche fuggenti
o per tornanti Elene? Si potrebbe supporlo.
Ma non si creda — benché questo assomigli
a un gran male d'amore e se ne accresca a volte —
non si badi all'implorante dalle rive,
sa essere buon simulatore.
Di fatto si stremava su un colore
o piuttosto sul nome del colore da distendere
sull'omissione, il
mancamento, il vuoto:
                        l'amaranto,
luce di stelle spente che nel raggiungerci ci infuoca
o quale si riverbera frangendosi su un viso
infine ravvisato, mentre la barca vira...).

Tutto salpava, tutto
metteva vela sotto lo sguardo vetrino
tutto diceva addio sull'onda del venti di agosto.
Restava, colto a volo, quel colore
tirrenico, quel nome di radice amara,
la grama preda dello scriba
stillante altra insonnia dai mille soli
d'insonnia luccicante
dei marosi.

V

*(handwritten: friends tell him to go on holiday)*

Del tempo che forse cambia discorrono voci sotto
[casa,
si estasiano del trascorrente argento
di chioma in chioma dei pioppi pettinati a rovescio,
altre venute dalla piana riferiscono
5 che l'estate è tuttora fiamma di miraggi,
non ha smesso una cicala o una foglia.
Esplode in più punti e dilaga la sparatoria dei
[clic-clac.

Pensavo, niente di peggio di una cosa
scritta che abbia lo scrivente per eroe, dico lo
[scrivente come tale,
10 e i fatti suoi le cose sue di scrivente come azione.
Non c'è indizio più chiaro di prossima vergogna:
uno osservante sé mentre si scrive
e poi scrivente di questo suo osservarsi.
Sempre l'ho detto e qualche volta scritto:
15 segno, mi domandavo, che la riserva è quasi a secco,
che non resta, o non c'era, proprio altro?
Che fosse e sia un passaggio obbligato? Mi darebbe
[coraggio.
Guardo la flottiglia riparare nel fiume spinta dal
[fortunale.
S'infrascavano un tempo qui i pittori
20 oggi scomparsi con parte dei canneti: i tempi
hanno ripiegato i cavalletti gettato i pennelli fatto le
[tele a pezzi.
Sarei io dunque il superstite voyeur, uno scalpore
represso tra le rive, una metastasi fluviale?
uno che sforna copie di ore lungo il fiume,

170

5 di stasi e turbolenze del mare?
   Viene uno, con modi e accenti di truppa da sbarco
   mi si fa davanti avvolto nell'improbabile di chi,
   stato a lungo in un luogo in un diverso tempo
   e ripudiatolo, si riaffaccia per caso, per un'ora:
0 «Che ci fai ancora qui in questa bagnarola?».
   «Elio!» riavvampo «Elio. Ma l'hai amato
   anche tu questo posto se dicevi: una grande cucina,
   o una grande sartoria bruegheliana...». Ci pensa un
                                          [poco su:
   «Una cucina, ho detto?». «Una cucina».
5 «Con cuochi e fantesche? bruegheliana?».
                                          [«Bruegheliana».
   «Ah,» dice «e anche sartoria? con gente che taglia e
                                          [cuce?».
   «Con gente che taglia e cuce». «Ma» dice «dove ce
                                          [le vedi adesso?».
   «Eh,» dico eludendo «anche oggi ci pescano, al
                                          [rezzaglio».
   «Ma tu» insiste «tu che ci fai in questa bagnarola?».
0 «Ho un lungo conto aperto» gli rispondo.
   «Un conto aperto? di parole?». «Spero non di sole
                                          [parole».
   Oracolare ironico gentile sento che sta per sparire.
   Salta fossi fora siepi scavalca muri
   e dai belvederi ventosi
5 non mi risparmia, già lontano, l'irrisione
   di paesi gridati come in sonno, irraggiungibili.
   Ne echeggia in profondo, nel grigiore,
   l'ora del tempo la non più dolce stagione.

L'ombra si librava appena sotto l'onda:
bellissima, una ràzza, viola nel turchino
sventolante lobi come ali.
Trafitta boccheggiava in pallori, era esanime,
5 sconciata da una piccola rosa di sangue
dentro la cesta, fuori dal suo elemento.
Mi spiegano che non è sempre così, non sempre
come l'ho vista prima: che questo e altri pesci d'alto

[mare

si mimetizzano ai fondali, alle secche, alle correnti
10 colorandosi o trascolorando, a seconda. Non sapevo,

[non so

niente di queste cose. Vorrebbe
conoscerle l'istinto solo standoci in mezzo,
vivendole, e non per svago: a questo patto solo.
A quegli esperti avrei voluto dire delle altre ombre e

[colori

15 di certi attimi in noi, di come ci attraversano nel

[sonno

per sprofondare in altri sonni senza tempo,
per quali secche e fondali tra riaccensioni e amnesie,
di quanti vi spende anni l'occhio intento
all'attraversamento e allo sprofondo prima che

[aggallino

20 freddati nel nome che non è
la cosa ma la imita soltanto.

Ci si sveglia vecchi
con quella cangiante ombra nel capo, sonnambuli
tra esseri vivi discendenti
su un fiume di impercepiti nonnulla recanti in sé la

[catastrofe

25 — e non vedono crescere e sbiadire attorno a sé i più
                                                    [cari.

Aveva ragione l'interlocutore, quello
della riva di là, che da un po' non dà più segni.

                                                    Ma


— il mare incanutito in un'ora
ritrova in un'ora la sua gioventù —

30 dicono le voci sopraggiunte in coda al fortunale.


                        VII


Mai così fitto mai
così fittamente deliberante
appena fuori dalla foce
in tondo il crocchio dei gabbiani. Uno
5 si stacca a volo, tuffatosi
pesca un alcunché, torna al conciliabolo.

Sei già mare d'inverno:
estraniato, come chiuso in sé.

Amare non sempre è conoscere («non sempre
10 giovinezza è verità»), lo si impara sul tardi.
                        Un sasso, ci spiegano,
non è così semplice come pare.
Tanto meno un fiore.
L'uno dirama in sé una cattedrale.
15 L'altro un paradiso in terra.
Svetta su entrambi un Himalaya
di vite in movimento.
                        Ne fu colto

                                                    173

il disegno profondo
nel punto dove si fa più palese
20 — non una storia mia o di altri
non un amore nemmeno una poesia

                              ma un progetto
sempre in divenire sempre
«in fieri» di cui essere parte
per una volta senza umiltà né orgoglio
25 sapendo di non sapere.
Sul rovescio dell'estate.
Nei giorni di sole di un dicembre.


Se non fosse così tardi.


Ma tu specchio ora uniforme e immemore
30 pronto per nuovi fumi
di sterpaglia nei campi per nuove luci
di notte dalla piana per gente
che sgorghi nuova da Carrara o da Luni


tu davvero dimenticami, non lusingarmi più.

# NICCOLÒ

Quattro settembre, muore
oggi un mio caro e con lui cortesia
una volta di più e questa forse per sempre.

Ero con altri un'ultima volta in mare
5 stupefatto che su tanti spettri chiari non posasse
a pieno cielo una nuvola immensa,
definitiva, ma solo un vago di vapori
si ponesse tra noi, pulviscolo
lasciato indietro dall'estate
10 (dovunque, si sentiva, in terra e in mare era là
affaticato a raggiungerci, a rompere
lo sbiancante diaframma).
Non servirà cercarti sulle spiagge ulteriori
lungo tutta la costiera spingendoci a quella
15 detta dei Morti per sapere che non verrai.

                                 Adesso
che di te si svuota il mondo e il *tu*
falsovero dei poeti si ricolma di te
adesso so chi mancava nell'alone amaranto
che cosa e chi disertava le acque
20 di un dieci giorni fa
già in sospetto di settembre. Sospesa ogni ricerca,

i nomi si ritirano dietro le cose
e dicono no dicono no gli oleandri
mossi dal venticello.

     E poi rieccoci
25 alla sfera del celeste, ma non è
la solita endiadi di cielo e mare?
Resta dunque con me, qui ti piace,
e ascoltami, come sai.

1971

# Traducevo Char

## VI

## Notturno

Confabula di te laggiù qualcuno:
l'ineluttabile a distesa
dei grilli e la stellata
prateria delle tenebre.

5 Non ti vuole ti espatria
si libera di te
rifiuto dei rifiuti
la maestà della notte.

# Traducevo Char

## VII

### *Madrigale a Nefertiti*

Dove sarà con chi starà il sorriso
che se mi tocca sembra
sapere tutto di me
passato futuro ma ignora il presente
5 se tento di dirgli quali acque
per me diventa tra palmizi e dune
e sponde smeraldine
— e lo ribalta su uno ieri
di incantamenti scorie fumo
10 o lo rimanda a un domani
che non m'apparterrà
e di tutt'altro se gli parlo parla?

## PAURA PRIMA

Ogni angolo o vicolo ogni momento è buono
per il killer che muove alla mia volta
notte e giorno da anni.
Sparami sparami — gli dico
5 offrendomi alla mira
di fronte di fianco di spalle —
facciamola finita fammi fuori.
E nel dirlo mi avvedo
che a me solo sto parlando.
                       Ma
10 non serve, non serve. Da solo
non ce la faccio a far giustizia di me.

*[annotazione manoscritta: seguíto da un killer — chiède per la morte.]*

# PAURA SECONDA

Niente ha di spavento
la voce che chiama me
proprio me
dalla strada sotto casa
5 in un'ora di notte:
è un breve risveglio di vento,
una pioggia fuggiasca.
Nel dire il mio nome non enumera
i miei torti, non mi rinfaccia il passato.
10 Con dolcezza (Vittorio,
Vittorio) mi disarma, arma
contro me stesso me.

# ALTRO POSTO DI LAVORO

Non vorrai dirmi che tu
sei tu o che io sono io.
Siamo passati come passano gli anni.
Altro di noi non c'è qui che lo specimen
5 anzi l'imago perpetuantesi
a vuoto —
e acque ci contemplano e vetrate,
ci pensano al futuro: capofitti nel poi,
postille sempre più fioche
10 multipli vaghi di noi quali saremo stati.

Autunno 1975

# LA MALATTIA DELL'OLMO

Se ti importa che ancora sia estate
eccoti in riva al fiume l'albero squamarsi
delle foglie più deboli: roseogialli
petali di fiori sconosciuti
5 — e a futura memoria i sempreverdi
immobili.

Ma più importa che la gente cammini in allegria
che corra al fiume la città e un gabbiano
avventuratosi sin qua si sfogli
10 in un lampo di candore.

Guidami tu, stella variabile, fin che puoi...

— e il giorno fonde le rive in miele e oro
le rifonde in un buio oleoso
fino al pullulare delle luci.
                                  Scocca
15 da quel formicolio
un atomo ronzante, a colpo
sicuro mi centra
dove più punge e brucia.

Vienmi vicino, parlami, tenerezza,

20 — dico voltandomi a una
vita fino a ieri a me prossima
oggi così lontana — scaccia
da me questo spino molesto,
la memoria:
25 non si sfama mai.

È fatto — mormora in risposta
nell'ultimo chiaro
quell'ombra — adesso dormi, riposa.

                        Mi hai
tolto l'aculeo, non
30 il suo fuoco — sospiro abbandonandomi a lei
in sogno con lei precipitando già.

# AUTOSTRADA DELLA CISA

Tempo dieci anni, nemmeno
prima che rimuoia in me mio padre
(con malagrazia fu calato giù
e un banco di nebbia ci divise per sempre).

5 Oggi a un chilometro dal passo
una capelluta scarmigliata erinni
agita un cencio dal ciglio di un dirupo,
spegne un giorno già spento, e addio.

Sappi — disse ieri lasciandomi qualcuno —
10 sappilo che non finisce qui,
di momento in momento credici a quell'altra vita,
di costa in costa aspettala e verrà
come di là dal valico un ritorno d'estate.

Parla così la recidiva speranza, morde
15 in un'anguria la polpa dell'estate,
vede laggiù quegli alberi perpetuare
ognuno in sé la sua ninfa
e dietro la raggera degli echi e dei miraggi
nella piana assetata il palpito di un lago
20 fare di Mantova una Tenochtitlán.

Di tunnel in tunnel di abbagliamento in cecità
tendo una mano. Mi ritorna vuota.
Allungo un braccio. Stringo una spalla d'aria.

Ancora non lo sai
5  — sibila nel frastuono delle volte
la sibilla, quella
che sempre più ha voglia di morire —
non lo sospetti ancora
che di tutti i colori il più forte
10  il più indelebile
è il colore del vuoto?

# RIMBAUD

*scritto su un muro*

Venga per un momento la fitta del suo nome
la goccia stillante dal suo nome
stilato in lettere chiare su quel muro rovente.

Poi mi odierebbe
5 l'uomo dalle suole di vento
per averci creduto.

Ma l'ombra volpe o topo che sia
frequentatrice di mastabe
sfrecciante via nel nostro sguardo
10 irrelata ignorandoci nella luce calante...

Anche tu l'hai pensato.

Sparito. Sgusciato nella sua casa
di sassi di sabbia franante
quando il deserto ricomincia a vivere
15 ci rilancia quel nome in un lungo brivido.

Luxor, 1979

# LUINO-LUVINO

Alla svolta del vento
per valli soleggiate o profonde
stavo giusto chiedendomi se fosse
argento di nuvole o innevata sierra
cose di cui tuttora sfolgora l'inverno
quand'ecco
la frangia su quella faccia spiovere
restituirla a un suo passato d'ombra
di epoche lupesche
e ancora un attimo gli occhi trapelarono
da quella chioma spessa
lampeggiarono i denti
per rinselvarsi poi nella muta
assiepantesi attorno
dei luoghi folti dei nomi rupestri
di suono a volte dolce
di radice aspra
Valtravaglia Runo Dumenza Agra.

# ALTRO COMPLEANNO

A fine luglio quando
da sotto le pergole di un bar di San Siro
tra cancellate e fornici si intravede
un qualche spicchio dello stadio assolato
5 quando trasecola il gran catino vuoto
a specchio del tempo sperperato e pare
che proprio lì venga a morire un anno
e non si sa che altro un altro anno prepari
passiamola questa soglia una volta di più
10 sol che regga a quei marosi di città il tuo cuore
e un'ardesia propaghi il colore dell'estate.

# COMMENTO

Abbreviazioni:

ID = *Gli immediati dintorni primi e secondi*;
SLDA = *Senza l'onore delle armi*;
IST = *Il sabato tedesco*;
LP = *Letture preliminari*.

# 1. da *Frontiera*

*p. 49*

v. 1 *Il verde*: il campo di gioco. *neroazzurri*: giocatori della squadra dell'Internazionale di Milano, la cui divisa è a strisce verticali nere e azzurre. In origine la poesia si intitolava *Inter-Juve*. Assente nella 1ª ed. di *Frontiera* e in *Poesie* del '42 è accolta nell'ed. 1966, dopo essere apparsa in *Elogio olimpico*, a cura di G. Bona, Milano 1960.      v. 2 *zebre*: i giocatori della Juventus di Torino, dalla divisa a strisce bianche e nere.      v. 3 *hallalì*: «"Hallalì" è il grido di caccia nella lingua francese»: così Carducci in nota alla *Ninna nanna a Carlo V* (in *Rime nuove*). Originariamente l'espressione indica la manifestazione di gioia per il soccombere di un avversario: qui però il verbo «squillare», al v. 4, rimanda piuttosto al suono d'incitamento di una tromba. Il termine, italianizzato in «allalì» da D'Annunzio nell'*Isotteo* (mentre C. Betocchi, *Al vento d'inverno in Roccastrada*, v. 16, ha «hallalli»), ricorre in Rimbaud: cfr. *Bannières de Mai*, *Ophélie*.      v. 5 *bianconero*: cfr. la nota al v. 2.      v. 6 *fiorisce*: transitivo: fa spuntare.      v. 8 *Giro*: in senso musicale. *canoro*: risonante di canti.      v. 9 *trillo estremo*: il fischio dell'arbitro decreta la fine della partita, rompendo l'incanto di suoni e colori della festa popolare. Importante precedente per il tema sportivo è Saba, *Cinque poesie per il gioco del calcio*, in *Parole* (1934).      v. 10 *A porte chiuse*: un volta conclusa la partita, quando gli spettatori sono sfollati. Nel distico finale i suoni e i colori che dominano l'inizio della lirica scompaiono: la prospettiva di chi parla ai vv. 10-11 è ormai da un tempo ulteriore, nel quale si avvertono la caducità e la dimenticanza proprie del rito sportivo. Il tema sarà ripreso in

*Mille Miglia* (in *Gli strumenti umani*: cfr.), e lo stadio vuoto come immagine del tempo è centrale in *Altro compleanno*, la lirica di *Stella variabile* che chiude questa antologia (cfr.).


COMPLEANNO *p. 50*

*Titolo*: fondata com'è sul tempo, la lirica di Sereni trova nelle occasioni cicliche dell'esistenza un motivo fondamentale. Ogni traguardo raggiunto stimola la memoria del passato ed evoca il futuro: è il doppio movimento di questa poesia. v. 2 *incurvi*: allude all'arcata di un ponte. v. 4 *fiato*: vento leggero, brezza. v. 5 *grave*: dall'aspetto severo. v. 9 *pallido verde*: la primavera. v. 11 *agli sguardi serena*: serena all'aspetto, che ispira calma. v. 13 *amara*: con la primavera è andata via anche la donna evocata. v. 14 *dove t'apri*: dove le strade si fanno più larghe, nei viali o in periferia. Per i versi che seguono è utile ricordare quanto nel 1975 Sereni ha osservato a proposito di Milano. Parlando delle proprie predilezioni in fatto di città, egli scrive che esse «si collegano alla presenza di un fiume o di uno specchio d'acqua allietato da una quinta d'alberi»; e aggiunge: «Significa che non so concepire città che non abbiano in sé un'allusione alla campagna? A qualcosa di simile, a un sentore campestre oggi totalmente scomparso, si collega il ricordo che ho di Milano quale era prima della guerra: un odore come di scuderie e di ruote gommate di calessi e di vetture trainate da cavalli che si insinuava fin nelle strade del centro» (*La città*, ID 119). v. 16 *spaési*: disperdi, conduci lontano. v. 17 *senso d'acque*: illusione di acque, cfr. ID, *La città*, cit.; in chiave con la «calma» del verso seguente, sta per il sentimento di serenità suscitato dalla vista di uno «specchio d'acqua». v. 18 *ridenti*: lieti, che splendono alla vista; cfr. G. Leopardi, *A Silvia*, v. 4. v. 19 *Maturità di foglie*: richiama, per contrasto, il «pallido verde» del v. 9. v. 20 *altro evo*: età, nuova epoca della vita. *mi spieghi*: offri, dispieghi. v. 21 *inoltri*: sospingi. v. 22 *che non trova scampo*: in quanto irrevocabilmente conclusa. [*1936*]


A M. L. SORVOLANDO IN RAPIDO LA SUA CITTÀ *p. 51*

*Titolo*: la città è Parma; le iniziali quelle della futura moglie di Sereni. *sorvolando*: sorpassando velocemente in treno: in tale accezione in V. Cardarelli, *Passaggio notturno* (1934), v. 15.

v. 1 *frastuono*: del treno che sopraggiunge.     v. 6 *plaghe del sole*: luoghi battuti dal sole; con riferimento alla Pianura padana, implica ricordo del mito di Fetonte; per plaga cfr. *Paradiso*, XXIII, v. 12: «plaga [dove] il sol mostra men fretta» e E. Montale, *Il canneto rispunta i suoi cimelli*, v. 9 (in *Ossi di seppia*) e *Eastbourne*, v. 40 (in *Le occasioni*).     v. 9 *festuche*: fuscelli di paglia, cfr. *Inferno*, XXXIV, v. 12; insieme a *vortice* richiama D'Annunzio: «sparvero come in vortice festuche» (*Cortona*, v. 13, in *Elettra*). Di «festuche nel vento» si parla in *Dovuto a Montale* (ID 162).     v. 10 *ti schiari*: rasereni; qui come altrove in Sereni volto e paesaggio si scambiano le parti.     v. 12: sono riuniti nell'endecasillabo dei «luoghi» tipicamente leopardiani, come leopardiano è l'aggettivo «fuggitivo» del v. 11 (cfr. *A Silvia*, v. 4).                         [*1938-'40*]


DIANA                                               *p. 52*

v. 1 *tuo*: di Diana. Si rivolge a una figura femminile (cfr. v. 10) il cui ricordo si rinnova con la stagione estiva. A proposito di questa lirica si veda una lettera di Sereni a Vigorelli citata in G. Vigorelli, *Carte d'identità*, Milano 1984, p. 268: «ecco questa Diana che può essere la M. L., una ragazza della [scuola] Tenca o addirittura la povera Harlow. Dipende dalla gestazione laboriosissima e difficoltosa di questa lirica. E quella morte può essere morale e fisica, distanza e oblio, a piacere. Col senso, da parte mia, di qualcosa che irrimediabilmente è perduto, accresciuto da questo prossimo materiale partire e dalla nostalgia di quello che *non* è stato vissuto» (Milano, 8 luglio 1938).     v. 2 *altane*: logge o terrazze coperte poste sui tetti di fabbricati.     v. 4 *esula*: lett. si allontana; leggi: l'azzurro del cielo richiama il colore dei tuoi occhi, e nel ricordo occhi e cielo fanno tutt'uno.     v. 6: *Anche*: presto, insieme.     v. 8 *Navigli*: canali artificiali che attraversano Milano.     v. 10 *Torni anche tu*: cfr. E. Montale, *L'estate*, v. 7 e *Corrispondenze*, v. 13 (in *Le occasioni*).     v. 13 *la luna*: nella mitologia latina, oltre a essere la dea della caccia, donde il «fiero nome» del v. 17, Diana s'identifica con la luna.     v. 17. *s'addolce*: si fa più amabile, meno «fiero». Nell'*Orlando furioso* «fiero nome» è quello di Leone X (XVII, 79).     v. 19 *sulla tua traccia*: ricordandoti (riprende il lessico venatorio in chiave con il nome di Diana).     v. 20 *giugno*: tit. precedente di questa poesia era *Giugno*, su «Frontespizio», XVI (1938).     v. 21: il papavero.     v. 22 *ai*: nei. (Leopardismo, frequente nella poesia er-

193

metica.)     v. 23 *canto*: in chiave con l'agg. *intenta*, v. 12, è ricordo di Leopardi, *A Silvia*; ma *Diana* e *intento* sono anche in Montale, *Falsetto*, vv 11-12 (in *Ossi di seppia*).     v. 25 *alita*: aleggia, spira lieve nel ricordo.        [*1938*]


3 DICEMBRE          *p. 54*

v. 1: nella periferia, come spiegano i versi successivi. *Ultimo tumulto* è in una poesia di Antonia Pozzi (*Fine di una domenica*, v. 7), la giovane poetessa amica di Sereni che si suicidò nel 1938, appunto il 3 dicembre.     v. 7 *cacce*: può rimandare a Diana.     vv. 13-14: cfr. S. Corazzini, *Desolazione del povero poeta sentimentale*, VIII, v. 2: «e muoio, un poco, ogni giorno».        [*1940*]


PIAZZA          *p. 55*

v. 2 *questa*: sottinteso ombra. Cfr. E. Montale, *La speranza di pure rivederti* (in *Le occasioni*): «e mi chiesi se questo che mi chiude / ogni senso di te, schermo d'immagini».     v. 3 *vano*: riferito al soggetto; cfr. G. Gozzano, *Ah! Difettivi sillogismi*, v. 45, «uno specchio vano».     v. 4 *ciechi*: per l'oscurità. Si noti il passaggio dall'ombra alla luce della luna, su cui si fonda il contrasto tra le prime due parti della lirica.     v. 9 *falce*: la luna.     v. 10: la salvezza allude a una permanenza nel ricordo; *lunare*: aggettivo frequente nella poesia ermetica, ma cfr. anche G. Ungaretti, *Cori descrittivi di stati d'animo di Didone*, II, v. 5 (in *La terra promessa*); richiama nuovamente Diana.     v. 12 *che va*: che se ne va, si allontana.     [*1941*]


INVERNO A LUINO          *p. 56*

*Titolo*: Luino, in provincia di Varese, posta sulla riva orientale del Lago Maggiore allo sbocco del fiume Tresa, è la città natale di Sereni.     v. 1: si riferisce a Luino, proiettando sulla città lo stato d'animo dell'io.     v. 7 *se*: quando. *alto*: profondo, cfr. G. Pascoli, *La cavalla storna*, v. 1. *commuove*: scuote, provoca commozione (latinismo) o sorpresa.     v. 10 *sopravvivo*: mi sento rinascere.     v. 12 *di luminarie fioriti*: costellati di luci.     v. 13 *Quando...*: la notte. Per questi versi, e in generale per questa lirica si tenga presente *Dovuto a Montale* (ID 159), in particolare il passo in cui Sereni racconta di un ritorno a Luino «tra la fine del '36 e l'inizio dell'anno successivo»: «vivevo uno di quei momenti di completezza, di piena fusione tra sé e il mondo sensibile, grazie e di fronte ai quali lo spirito desiderante si appaga di se stesso...»; e dopo una citazione da Montale: «Durante una passeggiata a ora tarda per le strade del paese la vetrina di una drogheria ruppe con la forza della sua illuminazione l'oscurità circostante. Qualcosa da quell'attimo cominciò a muoversi in me, e lo avvertii come nuovo (...) Qualcosa dunque si era messo in moto, in un ordine diverso dall'incanto emanato dallo spiegamento in forze del connubio tra neve e sole ammirato arrivando» (ID 160).      v. 14 *suoni di zoccoli*: di una ragazza incontrata per strada: vi accenna Sereni in *Dovuto a Montale*, cit.      vv. 20-21: «gli uomini del porto e dei battelli sanno che i giorni limpidi dell'inverno non rappresentano una garanzia contro l'improvviso sorgere del vento» (Gioanola). Qui, come altrove, l'idillio è effimero, instabile e minacciato da mutamenti repentini.      v. 22 *fari*: quelli di cui parlerà in *Terrazza*, cfr. (vedi note).      v. 26 *frontiera*: Luino, a pochi chilometri dal confine con la Svizzera, era «un importante nodo di transito e di smistamento (...) dotato di un'imponente stazione ferroviaria internazionale» (ID 152). *Frontiera* è il titolo non solo del primo libro di Sereni, ma anche della sua sezione centrale, che si apre con questa lirica. Cfr. R. M. Rilke, *Ultima sera* (trad. V. Errante) vv. 1-5: «Notte. Lontano rotolìo di treni. / Rasente il parco va la via ferrata, / che l'esercito reca alla frontiera».      [*1937*]


TERRAZZA                                              *p. 58*

v. 3 *murmure*: lo sciacquìo delle onde. È voce ricorrente in Pascoli e in Montale.      vv. 6 sgg.: Cfr. *Dovuto a Montale* (ID 163-4): «Sul far della sera sprofondavo nello stato contemplativo, dal quale mi distoglievano le rade parole scambiate, sedendo in una terrazza sul lago, con un amico (...) A intervalli regolari ci investiva il fascio luminoso della piccola imbarcazione della Finanza vigilante al confine su possibili traffici del contrabbando e non solo su quelli».      v. 8 *torpediniera*: cfr. E. Montale, *La casa dei doganieri* (in *Le occasioni*), dove *sera* rima con *petroliera*.      [*1938*]


STRADA DI ZENNA                                       *p. 59*

*Titolo*: Zenna dista pochi chilometri da Luino, sulla frontiera con la Svizzera. (Tit. orig.: *Zenna*.)      vv. 1-2, *infinita / navi-*

*gazione*: allude all'oltre-vita come viaggio senza termine di spazio o tempo.     v. 3 *estate impaziente*: l'estate è la stagione emblematica della lirica di Sereni: cfr. in questa antologia *Un'altra estate, Solo vera è l'estate, Un posto di vacanza, La malattia dell'olmo*. In *Autoritratto* (ID 127) si legge: «vorrei che fosse sempre estate». *impaziente*: esuberante di vita.     v. 5: *labile*: leggero, ma anche effimero.     vv. 6-7: cfr. M. Luzi, *Già colgono i neri fiori dell'Ade* (in *Avvento notturno*), v. 5: «fiochi prati d'Eliso». L'Eliso nella mitologia classica è il luogo che ospita gli spiriti pii nell'aldilà.     vv. 8-9 *Si muta / l'innumerevole riso*: allude al cambiare repentino del tempo, tipico dei laghi: e al lago è da riferire *l'innumerevole riso* (cfr. G. Pascoli, *L'ultimo viaggio*, VIII, v. 50: «col riso innumerevole delle onde»), cioè il riflesso molteplice e vario delle acque.     v. 10 *broncio*: l'annuvolarsi del cielo.     v. 11 *lagno*: lamento, preannuncia il *gemito* del penultimo verso. Cfr. Dante, *Inferno*, v, v. 46, e G. Pascoli, *Ov'è?*, v. 11, in *Canti di Castelvecchio*.     v. 13 *misura*: cadenza.     vv. 14-16: si riferisce al passaggio di un treno, che allontanandosi da Luino entra in una galleria dalla parte del confine (cfr. *Il tunnel*, ID 137).     v. 19: *cenere dei giorni*: cfr. E. Montale, *Accelerato*, v. 5 (in *Le occasioni*).     v. 20 *esteso strazio*: suono protratto e lamentoso, che mette angoscia (come il vento). Annunzio di morte: e così i «pallidi volti feroci» del v. 23 (cfr. R. M. Rilke, *In una notte di bufera*, trad. V. Errante, vv. 1-6: «in queste cupe notti di bufera / imbatterti tu puoi, rasente i muri, / in spiriti che un dì saranno vivi: / magri, pallidi volti, / a cui resti ignoto estraneo / e che, muti, ti lasciano passare»).     vv. 27-28: in chiave con la *misura* del v. 13 e i *tonfi di remi* del v. 29, *un suono / di volubili ore* allude al carattere breve ed effimero dell'esistenza.     v. 33 *gemito*: del vento, segno della presenza dei morti che è tema costante in Sereni.     [*1938*]

UN'ALTRA ESTATE     *p. 61*

v. 1 *furente*: ardente. Cfr. V. Cardarelli, *Diario*, v. 14: «Furente l'estate», oltre a G. D'Annunzio, *Furit aestus* (in *Alcyone*).     v. 3 *Tresa*: il fiume che sfocia nel Lago Maggiore a Luino.     v. 5 *già*: fino a ora, fino a poco tempo fa.     v. 6 *presaghi*: a seguito del *brivido* del v. 2.     v. 8 *s'appunta*: esprime il volgersi dello sguardo e l'attesa che si manifesti il mutamento (del tempo e della stagione); cfr. *Purgatorio*, xv, v. 49.     v.

10 *golfi*: non solo del lago, spazi aperti circondati dai monti. *oscuri*: scuri, per il cambiamento del tempo, e misteriosi, donde l'avventurarsi. [*1940*]

STRADA DI CREVA                                                    *p. 62*

*Titolo*: Creva è una località nei pressi di Luino, nell'immediato retroterra del Lago Maggiore; la strada omonima, a Luino, porta al cimitero.

I.   v. 2 *acque*: del lago.       v. 4: *canto... remoto*: cfr. G. Leopardi, *Le ricordanze*, vv. 12-13: «ascoltando il canto / della rana rimota alla campagna».       v. 5 *cucco*: il cuculo.       vv. 7-8 *giorni / dei Santi*: la festa di Ognissanti cade il primo giorno di Novembre. Qui l'inverno viene detto *pazzo* (v. 7) in quanto la poesia è ambientata nel periodo che si dice «Estate di San Martino»: il cui clima pare all'io un annuncio di primavera o una temporanea ripresa dell'estate.       v. 9 *lucerte*: lucertole. È un segno della «pazzia» dell'inverno.       v. 11 *clivi*: pendii, colline.

II.   v. 1: Se la prima parte della lirica fornisce un quadro idillico, di piena sintonia tra l'io e la natura, rappresentata in una giornata invernale di sole (la poesia d'apertura di *Frontiera, Inverno*, parla della *svelata bellezza dell'inverno*, v. 11), il festoso ritorno della buona stagione che si riflette nelle voci e nei colori del paesaggio ora cede bruscamente ad un tono meditativo, ispirato dalla ricorrenza della Commemorazione dei defunti, il giorno successivo alla festa di Ognissanti. Sono così raccolti nello spazio di un solo testo due momenti che, diversamente modulati di volta in volta, sono costitutivi della poesia di *Frontiera*: l'accordarsi al rinnovamento ciclico delle stagioni e il presentire annullato, in esso, il tempo soggettivo, che si appiattisce su un tempo maggiore, posto all'*ombra fedele dei morti* (*Paese*, v. 3; e cfr. *Strada di Zenna*, v. 31). Ma il moto di adesione al tempo ciclico è indivisibile dal ricadere entro un orizzonte statico e concluso (la *frontiera*) che custodisce la sensibilità dell'io e insieme lo confina al di qua dell'*impeto* (*Strada di Zenna*, v. 15) dell'esistenza consegnata al mondo esterno, al suo tempo nuovo e incerto. Così qui all'uscita all'aperto segue il rincasare, e a luce e movimento succedono oscurità e silenzio: la lirica chiude su uno scenario funebre, non privo di angoscia (vv. 15-16), opponendo all'*infinito* scintillare del paesaggio lacustre i *lumi* funesti negli interni delle case.　　v. 5 *decade*: si smorza.　　v. 6 *se*: quando; ogni volta che. Presuppone il ripetersi delle stagioni, e del paesaggio.　　vv. 8-9: cfr. *Un'altra estate*.　　v. 11 *abituri*: abitazioni.　　v. 14: in inverno il tempo trascorre monotono in bevute davanti al focolare.　　v. 15: probabile reminiscenza di U. Foscolo, *Sepolcri*, v. 207: «All'orror de' notturni silenzi»; ma cfr. anche G. Leopardi, *La ginestra*, v. 280: «E nell'orror della secreta notte».　　[*1941*]

*Dicono le ortensie:*　　　　　　　　　　　　　　　　*p. 64*

vv. 1 e 6: Spesso in Sereni le piante si animano, entrando in comunicazione con l'io che le osserva: cfr. Lonardi, Introduzione. Per questo processo, che sarà di particolare importanza in *Ancora sulla strada di Zenna, A un compagno d'infanzia, Niccolò* (cfr.), si tenga presente quanto ha osservato Sereni in *Targhe per posteggio auto in un cortile aziendale* (ID 115). Qui a proposito dell'«impiego metaforico» delle piante egli ha scritto che esso «Punta in generale alla sostanza e alle essenze, alle strutture, all'essere e al divenire. Avvertiamo in loro più sensibile e visibile l'analogia con le stagioni della vita, della nostra di individui e di quella delle civiltà (...) siamo sempre più portati a considerare la loro esistenza come autonoma e parallela alla nostra, come un'ipotesi che si sviluppa diversamente rispetto a una origine comune, che tende ad altro sogna altro gesticola altro s'inquieta di altro, ma in modo tanto più semplice, netto, lineare». In questa lirica però le ortensie annunciano semplicemente la fine dell'estate e con essa la partenza dell'amata, in un contesto figurativo tradizionale.　　v. 10 *ora fonda*: come si dice «notte fonda», a notte alta. Si noti che questa lirica e la seguente fanno parte della sezione *Versi a Proserpina*, dedicata a una figura femminile senza un preciso referente, ma che assume in sé anche una conoscente del poeta morta a vent'anni (cfr. «La Rotonda. Almanacco luinese», 1984, p. 113: *Riferimenti a Luino e dintorni nelle poesie di Vittorio Sereni*, a cura di C. Barigozzi). Proserpina era a Roma la dea degli Inferi: in origine dea agreste, venne assimilata alla greca Persefone. Qui il richiamo al mito (già presente nell'epigrafe posta alla sez.: «quest'anno / sei rimasta più a lungo sulla terra...») è in relazione con il tema della giovinezza. Apparsa su «Tempo», VII, 211, 19-26 agosto 1943, la lirica compare solo nell'ed. 1966.

vv. 2-3: si tratta di versi di una canzone d'amore, trascritti durante una festa. Il verbo «fiorire» (cfr. *Domenica sportiva*) è legato alla presenza femminile e a un momento di spontaneità sottratto al fluire del tempo ordinario: che è quello, invece, raffigurato nei tre versi finali.     v. 4: riprende le parole di versi conviviali che, informa *Riferimenti a Luino...*, cit., p. 113, «provengono dalla giovinezza della madre di Sereni»; secondo quanto riporta un'annotazione dello stesso Sereni, «I versi della musica erano questi: "San Giuseppe dei tempi lontani: — occhi ardenti, capelli castani". Furono cantati in un lontano San Giuseppe» (cit. in L. Conti Bertini, *V.S.*, in AA.VV., *Un'idea del '900*, Roma 1984, p. 185). La lirica, il cui primo spunto risale al '37, compare solo nell'ed. 1966.

*Ecco le voci cadono e gli amici* p. 66

v. 1 *cadono*: improvvisamente si tacciono.     v. 4 *murmure*: bisbiglio, suono indistinto nella lontananza. Cfr. *Terrazza*.
v. 5 *sugli anni ritorna*: giunge nel ricordo, attraverso gli anni trascorsi. Il motivo collega questa lirica a *Compleanno* e *3 Dicembre*.     v. 6 *limpido e funesto*: i due aggettivi definiscono bene lo sfondo di *Frontiera*, di cui questa lirica è posta a conclusione. Nel momento in cui la natura si fa più trasparente e più puro l'idillio, subentra l'ombra della morte: così qui nel silenzio in cui si spengono le voci, e il reale si allontana un'altra volta, lasciando l'io immerso nel sentimento della caducità dell'esistenza, affiora la memoria della scomparsa, che in quest'ultima parte della raccolta segna il margine doloroso dell'elegia sulla fine della giovinezza.     v. 7 *simile al lago*: lago e sorriso sono duplici in quanto possono essere causa di serenità e nascondere la morte. Ancora sotto forma di analogia esplicita, è il parallelismo volto-paesaggio che percorre tutta l'opera di Sereni.     v. 8 *rapisce*: porta via; l'accezione è frequente in relazione al mare, o a un fiume, in senso luttuoso dai classici in poi.     v. 9 *colora*: ravviva.     [*1940*]

2. da *Diario d'Algeria*

CITTÀ DI NOTTE p. 69

v. 1 *tradotta*: treno adibito al trasporto di reparti militari. La lirica, che per situazione è come il *pendant* funesto e notturno di

*A M. L. sorvolando...*, chiudeva l'ed. Vallecchi 1942 di *Poesie* e venne successivamente collocata come seconda composizione della prima sezione di *Diario d'Algeria*. Si legga quanto ha affermato Sereni: «La città è Milano. (...) L'antefatto è questo: eravamo nell'estate del 1940, eravamo già stati chiamati alle armi, mandati sul cosiddetto fronte francese (...) Il treno passava nei pressi di Milano senza fermarsi, durante l'oscuramento. Il "tu" è rivolto alla città, non a una persona come si potrebbe pensare (...) C'è il senso della vita notturna di questa città, rappresentata attraverso un'immagine spettrale. La città è come morta, anche se non completamente, e i versi esprimono al tempo stesso un addio a tutta una fase dell'esistenza, perché siamo in guerra, avviati chissà dove» (in AA.VV, *Sulla poesia – Conversazioni nelle scuole*, cit., pp. 47-48).    v. 7 *giri via*: ti allontani, scompari; il verbo indica distacco ed estraniazione dell'io, il cui destino ha preso altre strade rispetto alla città della giovinezza.    v. 10 *si chiude*: cfr. *Dicono le ortensie*, v. 3; *Paese*, v. 6 (in *Frontiera*, non compresa in quest'antologia).

BELGRADO                                                           *p. 70*

*Dedica*: Giosue Bonfanti, letterato coetaneo di Sereni, fu suo fraterno amico sin dai tempi dell'Università.    vv. 1-2: Donau è il nome tedesco del Danubio, di cui la Sava è affluente; la confluenza dei due fiumi è presso Belgrado.    v. 3 *sentinella*: tedesca, poiché dal 1941 la Jugoslavia era terra d'occupazione. Sereni vi passò diretto ad Atene nell'estate del 1942: vedi la data apposta alla lirica, tenendo conto dell'avvertenza di Sereni nelle *Note* alla raccolta del 1947: «Le singole date vanno (...) riferite, là dove appaiono, alle circostanze che originarono i versi e non al tempo dell'effettiva stesura». *rulla*: vibra, risuona prolungatamente al passaggio del treno.    v. 5 *profondità remota*: come si deduce dalle specificazioni del verso successivo, allude ai rumori della città in lontananza, trasfigurati dalla nostalgia che affiora nella sosta. Si legga la poesia in parallelo con IST 62, dove un «repentino ritrovamento di sé» viene a tradursi nell'«affacciarsi su una costiera raggiante allo sbocco di un tormentoso viaggio nel nebbione: al cospetto di uno specchio d'acqua in una mattina chiara, seduto su una spalletta in fianco alla Sava durante una sosta della tradotta, appena fuori da una stazione sconosciuta dove l'infittirsi dei binari e degli scambi preannuncia Belgrado».    v. 8 *chimere*: i nomi dei fiumi, fantastici perché uditi «come in sogno», e perché evocano ricordi.    v. 10 *azzurre*: per il riflesso del cielo.    v. 11 *di là da venire*: riferito al «mattino» della vicina città.    v. 16: appare qui un motivo che torna a più riprese nell'opera di Sereni: l'amore lega non solo le persone tra loro, ma queste ai luoghi, le inserisce in un paesaggio (cfr. IST 70). Il *romanzo* (v. 16) nasce appunto così: l'immaginazione crea storie su labili indizi — uno sguardo, un cenno; o come qui una breve apparizione di sogno — per figurare una durata e una consistenza che l'io avverte come sempre incerte, instabili. Ed è significativo che il motivo affiori qui: nella pausa del viaggio che, prima della prigionia, l'io compie da *viandante stupefatto* (*La ragazza d'Atene*), sradicamento dall'orizzonte di *Frontiera* e preludio alla stasi del vero e proprio *Diario d'Algeria* (la seconda parte della raccolta omonima).

ITALIANO IN GRECIA                                        *p. 71*

v. 1 *Prima sera*: cfr. quanto annota Fortini sulla raccolta del '47: «[il *Diario d'Algeria*] è un vero diario e va letto di seguito, le pause fra una lirica e l'altra sono appena più forti di quelle fra l'una e l'altra strofa». *esteso*: cfr. *Strada di Zenna*, v. 20: protratto.    v. 3 *colmi di strazio*: per la guerra.    v. 4 *un cordoglio*: una pena, una perdita. L'allontanamento dall'estate è avvertito come lutto.    v. 6: destinato ad andare in Africa, il soldato immagina il futuro fatto solo di mare e deserto, in una dimensione senza tempo. Lasciando l'*Europa* lascia dietro di sé anche le stagioni, il cui succedersi è così importante nelle liriche di *Frontiera*.    v. 10 *mito*: fantasia, fantasticheria sul proprio destino, forse con ricordo di Saba, *La sera* (in *Poesie*, 1911) vv. 9-10: «La mia sorte obliando in un profondo / mito che m'innamora»; o di *Torrente* (v. 1), in *Trieste e una donna*. *esile* in contrapposizione alle *schiere dei bruti* che includono i combattenti dell'una e dell'altra parte.    v. 11 *sa*: conosce.    v. 13 *rediviva*: che rinasce, superstite nel presente del «deserto».    v. 15 *perduti*: qui come nella lirica precedente (v. 11) l'espressione allude allo smemoramento dell'io: nell'addio all'Europa la fuga dei ricordi precede e annuncia la «dannazione» (v. 17) d'Africa.

DIMITRIOS                                                 *p. 72*

*Dedica*: la lirica è dedicata a Maria Teresa, la prima delle figlie di Sereni.    v. 2 *nemico*: dal 1940 l'Italia era in guerra con la Grecia. v. 4 *strido*: grido acuto, stridulo, breve voce. v. 5: nell'aria tersa del mezzodì. v. 7: «durante l'occupazione italo-tedesca della Grecia, si contarono a migliaia i morti per fame» (Fortini). v. 12 *arguto mulinello*: da riferirsi sia al veloce allontanarsi della figura che al suono argentino e al ritmo veloce della voce del bambino greco. (*Arguto* nel senso di «squillante» è latinismo, frequente soprattutto in Pascoli). v. 14: *lande*: terre. *avare*: povere. vv. 16-17 *sussulto / di me*: memoria della mia infanzia che risorge.

LA RAGAZZA D'ATENE                                                     *p. 73*

*Titolo*: al testo, si noti, sono apposte due date, non una, e due indicazioni di luogo: autunno 1942 e autunno 1944, «Tradotta Atene-Mestre» e «Africa del Nord». Viene così stabilita una cornice temporale che unisce il momento della partenza dalla Grecia con quello della sua liberazione da parte degli inglesi, liberazione di cui l'io ha notizia quando è ancora prigioniero in Africa. Sereni rimase circa quattro mesi ad Atene («al tempo dell'Asse fermo a El Alamein», SLDA 25), diretto in Africa del Nord; di lì rientrò in Italia e il 24 luglio 1943 fu fatto prigioniero dagli americani a Paceco, in Sicilia presso Trapani. Giunse in Africa, dalle parti di Biserta, nel Ferragosto di quell'anno, e ne ripartì il 28 luglio 1945 dopo aver trascorso «poco più di un anno e mezzo in vari campi dell'Algeria, tutti quanti nella zona di Orano, e poco meno di sei mesi nel campo di Fedala, in vista dell'Atlantico, nel Marocco allora francese» (SLDA 70). Il motivo conduttore che unisce le tre parti della poesia è dato dalla Grecia e dalla *ragazza* che ne è simbolo; mentre la struttura del testo si articola in diversi momenti della storia dell'io: la guerra vi è come messa tra parentesi, il tempo viene segnato dall'emergere dei ricordi. v. 4 *in fuga*: la stessa espressione in *Italiano in Grecia*, v. 11, a sottolineare il moto di sradicamento e straniamento dall'orizzonte statico e familiare di *Frontiera*. v. 5 *sprizza*: erompe, scaturisce. v. 7 *icona*: l'immagine sacra bizantina. *qui*: come si deduce dai vv. 15-16, la prospettiva di chi parla è quella del soldato già sul treno del ritorno, mentre i primi versi si riferiscono a una scena immaginata o ricreata nel ricordo. v. 9 *prede*: forse di soldati che inseguono civili che tentano di superare il confine. vv. 11-13: nell'allontanarsi dalla città anche il ricordo della ragazza sbiadisce, il nome stesso diviene estraneo (il *cirillico* è il carattere di

alcune lingue slave: il vocabolo vale «incomprensibile»). v.
17 e sgg.: nella parte di mezzo la poesia stacca dal presente verso il futuro incerto del *viandante stupefatto* (vi si riconosce
un'eco del «confuso viatore» leopardiano: cfr. *Il tramonto della luna*, v. 29; cfr. anche V. Cardarelli, *Tempi immacolati*, v.
54, in *Prologhi*, 1931: «viandante disorientato»), determinan-
do un ulteriore arretramento del passato recente. Donde il venir
meno dello slancio iniziale della memoria, la progressiva oscurità, inerzia e perdita d'armonia (le *note* che *si sgranano*, v. 20,
espressione di un ordine seriale opposto alla unanimità del *coro*); fino al distico conclusivo (vv. 26-7), che decreta il distacco
dall'esperienza ateniese. v. 22 *Kaidari*: «è un sobborgo di
Atene dove erano accampati, durante l'estate del '42, reparti della divisione "Pistoia" destinati al fronte egiziano»
[*N.d.A.*]. v. 28 *ruota*: del tempo, che in Sereni ha una cur-
vatura ciclica; ma qui indicherà soprattutto le sorti della guerra, ormai ben diverse da quelle di due anni prima. v. 29
*flotta amica*: lo sbarco inglese avvenne nell'ottobre 1944; l'immagine riprende le *navi perplesse* del Pireo (il porto di Atene). v. 30 *frutto d'ansietà*: evento atteso con trepidazione:
la liberazione. v. 32 *despinís*: «in greco moderno significa
"ragazza", "signorina"» [*N.d.A.*]. v. 33 sgg.: per i versi che
seguono si legga quanto Sereni ha scritto a un interprete della
lirica (P. Baldan, cfr. *Le azzurre chimere di Sereni*, in AA.VV.,
*La poesia di Vittorio Sereni*, cit.): «Tutto il brano da "chi dorme" a "di pietà di speranza di timore" sono parole attribuite
esclusivamente alla ragazza e i morti non sono che i *suoi* morti»
(sottolineature del testo). v. 37 *del mio strazio sonora*: che
dia voce al mio dolore. v. 39 sgg.: la ragazza a nome dei
suoi morti chiede il riscatto del male patito, esige che la sofferenza si redima in gioia e la paura in speranza. Al v. 44 è l'eco
di *Gerusalemme liberata*, xiii, 40, vv. 7-8: «e un non so che
confuso instilla al core / di pietà, di spavento e di dolore». v. 45 *ci veniamo incontro*: nel ricordo; ma anche perché è ormai prossima la liberazione del prigioniero in Africa. v. 48 *vinti*: allude, ha sottolineato Sereni (in P. Baldan,
cit.), al «piccolo nemico» Dimitrios, che ha qui la sua «rivincita».

## Lassù dove di torre                                  *p. 76*

vv. 1-4: riferendosi a una prima e più ellittica versione della
poesia (mancavano i vv. 5-7) l'autore ha commentato: «Si capi-
va, prima, che *lassù dove di torre in torre* alludeva a torri e

campanili d'Europa, di paesi e città distanti, e avvertiti come lontanissimi, quanto più familiari, nella notte del capodanno algerino?» (*Due ritorni di fiamma*, ID 72). v. 3: la celebrazione del Capodanno in Europa accomuna paesi in guerra, ma per il prigioniero i segnali della festa non fanno che aumentare il senso della lontananza e dell'isolamento. v. 6 *vertici*: estremità. v. 7 *scolte*: sentinelle. v. 13 *nostra*: di noi. v. 16 *abbandona*: sogg. l'immagine del v. 13. v. 17 *due epoche morte*: la lirica apre la sezione eponima del *Diario d'Algeria*, e introduce alla nuova condizione dell'io, non più *viandante* bensì prigioniero — come si deduce dai vv. 5-7 — marcando una netta cesura con il passato. Questo, con le speranze in esso racchiuse e ormai abortite (vv. 13-15), arretra e scompare (vv. 15-17), lasciando il campo a un presente già segnato dall'angoscia (si noti l'aggettivazione di tutta la poesia).

*Un improvviso vuoto del cuore*                                    p. 77

v. 1 *vuoto*: mancamento, momento di sconforto; allude alla solitudine enunciata al v. 3. v. 3 *volti diletti*: quelli che nel ricordo assistono il prigioniero. v. 4 *voci faticose*: dei prigionieri. v. 5 *chiara*: percettibile, limpida in opposizione al *gorgo*. v. 6 *trepestio*: rumore confuso e continuo. v. 8 *paludi del sonno*: parlando di un libro di S. Antonielli, Sereni ha usato parole che potrebbero illustrare questa e altre liriche del *Diario*: «Il limbo cominciava da questo girare a vuoto, da questo cercarsi delle ragioni di vita nella totale sospensione della vita; in questo eterno ripartire dallo zero per ritrovarsi allo zero a ogni calar del sole» (LP 15-16).

*Rinascono la valentia*                                            p. 78

v. 1 *valentia*: bravura, maestria. Insieme alla *grazia* del v. 2 forma come un'endiadi, a significare l'ardimento e l'eleganza che in Sereni gli sportivi ereditano dai paladini. *Rinascono*: perché smarrite o dimenticate nello stato di prigionia. v. 3 *una partita*...: per questo tema cfr. *Domenica sportiva*. v. 7 *si dilunga*: diventa più lunga; in altro senso (si allontana), cfr. *Alla giovinezza*: «E delle voci che da me / si dilungano...». v. 8 *tenace*: protratto, prolungato. v. 9 *Si torce*: sogg. il giorno; è immagine da correlare a quella del verbo «fiammare» che segue: entrambi di ascendenza dantesca, riflettono a un tempo i

riflessi del tramonto nel cielo e lo stato d'animo dell'io.    vv.
10-11: *sfuma / chimerica*: si perde nella lontananza, divenendo
irreale. Ma alla dimensione spaziale si somma quella temporale: è qui implicito un affioramento del ricordo.    v. 12 *grandeggia*: ingigantisce, cresce di significato (analogamente in ID
199, *Il tempo delle fiamme nere*: «Il suo intervento avrebbe giganteggiato nel mio ricordo...»); e cfr. R. M. Rilke, *Il libro del
pellegrinaggio* (trad. V. Errante: «E quanto più verso il tramonto estenua / il giorno i cenni suoi, grandeggi oscuro nella
penombra»). La corsa del giocatore diviene impresa favolosa
nello spazio concluso del campo di prigionia, come per una fuga impossibile dal presente.    v. 13 *amaro*: l'agg. nella poesia
di Sereni denota senso di perdita e di doloroso estraniamento:
cfr. *Compleanno*. Qui però l'amarezza è implicita in un retroterra a carattere erotico-sentimentale, quale emerge da un brano di *Algeria '44*: «I turni d'uscita ci portano ad assistere a regolari partite di calcio su terreno regolare, con porte, righe
bianche, eccetera. Pomeriggi canori tra basse colline e stagni.
Si assiste accovacciati o semisdraiati nell'erba. Stupefacente
eleganza di M., già ala destra del Modena, nello scatto e nel
palleggio. Distendendosi in lunghe volate entra con la palla al
piede nella zona d'ombra che guadagna il campo sul finire del
giorno. Lo vedo proiettarsi all'infinito sulla traccia del fantasma femminile che di nuovo comincia ad ossessionarci nell'avanzata primavera algerina» (ID 13).


*Non sa più nulla, è alto sulle ali*                            *p. 79*

v. 1 *alto sulle ali*: come ha spiegato Sereni, l'espressione allude
sul piano storico al fatto che le salme dei primi caduti nello
sbarco in Normandia delle truppe alleate (6 giugno 1944) furono immediatamente sgombrate in Inghilterra per via aerea.
Cfr. *Algeria '44*, ID 13.    v. 3 *qualcuno*: si tratta di un fantasma, un'allucinazione onirica: il caduto dei vv. 2 e 11.    v. 6
*la Nuova Armada*: la flotta alleata; con richiamo alla Invencible Armada spagnola, il cui tentativo d'invadere l'Inghilterra
fallì nella Manica nel 1588.    v. 12 *morto*: estraneo, indifferente; cfr. *Non sanno d'essere morti*.    v. 15: nella vita apparente della prigionia non c'è posto se non per la ripetizione, come per il suono monotono del vento; cfr. *Strada di Zenna*, v.
12.    vv. 16-17: questa lirica — di particolare rilievo all'interno del *Diario* — è imperniata su due morti (e due «non sapere»):
quella del soldato americano nella prima strofa, e quella del-

l'io, che vuol significare estraneità alla storia e alla stessa esistenza, negata nei suoi valori positivi dalla ripetizione e dall'immobilità della prigionia. Invece di celebrare una condizione di separatezza o esplicitare indifferenza per la Storia, però, i versi (proprio nel porre l'equivalenza tra due morti) ne denunciano l'orrore, stabilendo un punto d'arrivo non solo per l'io del *Diario* ma anche per la persona precedente: la musica del vento avvera i presagi sinistri che incrinavano l'idillio di *Frontiera*, conferendo un senso tormentoso al *trepido vivere nei morti* di *Strada di Creva*. E così la rinuncia a *pregar per l'Europa* è anche — retrospettivamente — una presa di distanza dal *mito* gentile e accorato e dal coltivato paesaggio dei primi versi. Nel momento in cui gli si offre una speranza, chi parla qui si consegna interamente, per disperazione, alla non-vita, alla ripetizione: qualsiasi speranza è illecita nell'inferno della prigionia. A questa verità, l'io doveva giungere privandosi di qualsiasi conforto: l'affermazione conclusiva (*mi basta*) ha il senso di una amara denuncia, di una sofferta ironia; l'espressione di un «idillio» negativo, chiaramente avvertito per tale e che l'io si attribuisce solo in qualità di *morto*.

### Ahimè come ritorna                                    *p. 80*

v. 1 *ritorna*: nel ricordo; sogg. la voce del v. 5. Cfr. *Algeria '44* (ID 14): «Un'alta collina boscosa di forma troncoconica (...) "Che caldo atroce" aveva detto tanti anni prima, sprofondata nell'erba di tutt'altra collina. "Perché continuiamo a stare abbracciati con questo caldo atroce?"».      v. 8 *feroce*: aggressiva, vorace (come detto di fiera).

### Non sanno d'essere morti                               *p. 81*

v. 2 *i morti come noi*: i prigionieri, condannati a una vita apparente, dominata dalla ripetizione.      v. 3 *non hanno pace*: così in Sereni sempre i defunti; ma si tenga presente per questa lirica un'osservazione de *Il male del reticolato* (ID 16): «...questi luoghi di esilio e di attesa, (...) questa sospirosa comunità abituata a calpestare sempre gli stessi metri quadrati di terra (si pensa a certi insonni cavalli da macina)».      v. 4 *ripetono*: imitano in continuazione, meccanicamente.      v. 6 *i vecchi segni*: cfr. *Algeria '44* (ID 14): «...Notti straordinariamente limpide, in cui qualcuno c'insegnò a conoscere l'ora senza bisogno d'orologio, dalla posizione di certe stelle». v. 7 *Corre*: nel senso di ruota, come s'intende dal v. 9. *girone*: di dannati, come nell'Inferno dantesco. v. 8 *scherno*: la successione dei mesi, di fronte alla fissità della vita dei prigionieri, è come un'irrisione, un'amara burla. v. 9 *caldo nome*...: caldo non solo per il clima, ma in quanto da Orano (nella cui zona erano i campi che ospitarono Sereni) avrebbe dovuto aver luogo lo sperato imbarco per gli Stati Uniti, nel 1944. Cfr. *Le sabbie dell'Algeria* (SLDA 69-70): «Si pensava (...) che quella fosse una sistemazione provvisoria in attesa di trasferimento, di là dall'Atlantico, nei campi statunitensi dove già si trovavano tanti nostri compagni precedentemente catturati sul fronte tunisino...».

*Solo vera è l'estate e questa sua*                             *p. 82*

v. 1: l'estate sola è la stagione in cui la realtà — nel vuoto della prigionia — si manifesta pienamente, l'unico senso del presente. v. 2 *vi livella*: riferito ai compagni di prigionia, vale «rende uguali» (nell'assoluto dell'estate). v. 5 *lustrale acqua*: nella liturgia cattolica l'acqua lustrale è quella che viene benedetta per i battesimi. Insieme all'agg. *beata*, l'espressione tende a conferire sacralità alla stagione prediletta e ai rituali dei prigionieri. v. 7 *stagni malvagi*: corrispettivo negativo dell'acqua *beata* (che bea) è simbolo di corruzione e degradazione, con probabile ricordo di R. M. Rilke, *Elegie di Duino*, IV, v. 7: «e cadiamo su stagni inospitali» (la traduzione è di Traverso, cit. in *Ritratto di Leone Traverso*, ID 117). Analogamente il *ragnatelo-sudario* è immagine funebre, di morte. L'invito è a dimenticare ogni altra stagione e a immergersi nel presente estivo. v. 9 *siepe*: la siepe è elemento costitutivo del paesaggio di Sereni, cfr. *Strada di Creva, Ancora sulla strada di Creva, Intervista a un suicida, La speranza*. v. 11 *sepolcrale*: funebre (avvertito come tale per tono o cadenza, senza riferimento ai contenuti); cfr. *Non sanno d'essere morti*. Memento di morte nel cuore dell'estate. *torma*: truppa, gruppo (di prigionieri). Di sapore dantesco: cfr. *Inferno*, XVI, v. 6. vv. 13-15: la prigionia viene accettata «come unica dimensione reale, negatività ed estraniazione assolute ma a loro modo autosufficienti e perfette» (Mengaldo).

v. 1 *ancora*: cfr. *Non sa più nulla*, v. 15.       v. 3: il Campo 131
di Saint-Barbe, rievocato in *Algeria '44* (ID 14-15): Sereni vi
tornò in stato di convalescenza, indebolito da una malattia a
cui andrà riferito il *tentoni* del v. 4 (= camminando con difficoltà, reggendomi a stento).      vv. 6 sgg. *soffre*: il verbo soffrire è ripetuto tre volte in accezioni lievemente diverse: il primo esprime la prostrazione dei prigionieri, il secondo vale
«rimpiange» (piange l'assenza), il terzo «sopporti».      v. 11
*breve*: esiguo.      v. 12 *mala erba*: erba selvatica, ma con allusione all'aspetto funesto del luogo: cfr. gli *stagni malvagi* di *Solo vera è l'estate*. Il campo era in stato d'abbandono, cfr. *Algeria '44*: «C'erano ancora tende al 131, quasi deserto ormai e
mezzo spiantato (...) Era ormai un campo di transito, nel quale
(...) nessuno aveva più interesse a lavori di sistemazione e di minuto mantenimento» (ID 15). Per la *fisarmonica* e il *lume* (vv.
13,18) cfr. *Algeria '44*: «Avemmo anche belle ore a Sainte-Barbe. Quella notte che una serenata a suon di fisarmonica percor-
se il campo svegliandoci (...); o l'altra che il lumino acceso da
Walter (...) ci guidò nel buio al rientro dalla *soirée* dell'improv-
visata ma già bravissima compagnia filodrammatica del campo» (ID 15).

<br>

*Spesso per viottoli tortuosi*                                    *p. 84*

v. 2: in qualche luogo dell'Algeria: «In francese, perché tale era
la dizione per indicare, a tutela del segreto militare, la località
da cui il prigioniero scriveva» (Fortini).      v. 6 *in un punto*:
insieme, contemporaneamente (cfr. *Inferno*, XXII, v. 122); nella
memoria.      v. 9: cfr. *Algeria '44*: «Fa specie che la nostra
cattività abbia già una storia dentro di noi (...) Ripenso al 131,
e, vedendolo ormai abitato soltanto dal ricordo di noi, mi do-
mando se la pietà verso noi stessi non s'intrecci per caso a una
pietà ignorata per i luoghi che sono deserti, ora, di noi» (ID
15).      v. 12 *Ride*: «un'immaginata apparizione (*larva*) si manifesta serenamente (...). Dal luogo dove i prigionieri si trovavano un anno prima essi vedevano una delle sentinelle del campo; ora l'autore immagina quel luogo e vi immagina il fantasma della sentinella» (Fortini).      v. 16 *si vela*: cfr. *Dicono le
ortensie*, v. 13. La storia della prigionia è storia di fantasmi, la
memoria gira a vuoto sul tempo trascorso senza trarne che ma-
nifestazioni d'assenza, inutili apparizioni.

v. 1: toccato il fondo del non-sapere, calatosi in una dimensione senza tempo in cui la storia è storia di fantasmi, il prigioniero può archiviare la gioventù, come se appartenesse alla preistoria della sua esistenza. Solo ora, però: dopo che ha sperimentato a pieno la negatività del suo stato, e averla espressa. Al confronto del presente, la *pena* della giovinezza pare fragile, inconsistente; e con essa il sentimento del tempo che affiora nella seconda e nella terza parte della lirica.     v. 2 *per te*: può riferirsi tanto a *ha tardato* (v. 1) che a *essere detta* (v. 3).     v. 4 *Illividiva*: si oscurava.     v. 8 *sfera*: l'orologio.     v. 14: le due immagini alludono a una condizione di viva e inquieta sensibilità, propria della gioventù; così come le immagini dei versi precedenti traducono un assorto sentimento del tempo e il trasognato abbandono dell'io alle sensazioni.     vv. 17-19: con l'accenno alla *tristezza* l'universo della giovinezza si definisce come un cerchio magico in cui la realtà filtra appena e subito si allontana, lasciando dietro di sé un velo di malinconia.     v. 20: cfr. *In me il tuo ricordo* (poesia di *Frontiera* non compresa in questa antologia).     v. 21: cfr. *Diana*, v. 21.     v. 22: cfr. *Strada di Zenna*.     vv. 23-25: il prigioniero si rende conto che la giovinezza e la sua elegia appartengono ormai al passato; e tuttavia avverte che in un presente che nega qualsiasi ragione di vita il suo ricordo è indispensabile.     v. 26 *coro*: cfr. *La ragazza di Atene*, v.21. *voce superflua* è quella di chi si sente inutile.

*Se la febbre di te più non mi porta* p. 87

v. 1 *febbre*: desiderio febbrile; congiunzione di memoria ed eros che rende tormentosa la prigionia. *più non mi porta*: mi abbandona.     v. 4 *foglia...*: l'immagine è da riferirsi all'*addio*. Lo sciogliersi dell'ansia in tenerezza consente un riaffiorare dei ricordi.     v. 5 *si spicca*: si stacca dall'albero. Per il verbo cfr. *Inferno* xxx, v. 36; ma qui il senso è vicino a E. Montale, *Falsetto* v. 49 (in *Ossi di seppia*).     vv. 6-7: il presente e la realtà immediata si allontanano. *lento* in senso di calmo è latinismo.     v. 8 sgg.: viene tratteggiato qui un tempo felice e quasi mitico di fusione con luoghi e persone, tanto più irreale per il prigioniero fermo nel non-luogo d'Algeria, tra *morti*. Ma il finale riprende il tema della poesia precedente (la gioventù), insistendo in chiave positiva sul ricordo (v. 11).

v. 1 *di frodo*: illecito, non consentito al prigioniero; non diversamente è avvertita l'*allegria* del v. 3.       v. 2: si esaurisce.       v. 3 *vela*: nasconde.       vv. 4-5. *in cresta*...: l'immagine allude forse a una festa domestica rivissuta o immaginata, i
cui echi o ricordi infiammano brevemente l'animo del prigioniero.       vv. 6-7: sin dal primo verso la lirica evoca gli atti rituali della liturgia cristiana, trasferendo in un contesto di amarezza e nostalgia la ricorrenza della festa natalizia. Nel distico
finale, che serba nel ritmo e nella scansione l'impronta della
poesia religiosa, l'invocazione ribalta nella prospettiva del prigioniero il senso della festa: celebrazione non di una presenza
ma dell'assenza, dell'esclusione non della comunione.

v. 1 *Eri*: cfr. *Troppo il tempo*..., v. 7: la stasi della prigionia si
traduce, nel finale del *Diario*, in un continuo tentativo di stori-
cizzarne le fasi, senza però che all'io si offrano traguardi con-
creti: nella vita apparente del prigioniero mancano senso e prospettiva, e i versi spostano su una scacchiera fissa poche pedine:
*pena, febbre, soffrire*, attenti a cogliere ogni minima inflessione diversa dell'animo. La lirica, che non reca indicazione di data, non trae ancora bilanci dell'esperienza algerina: conclude
lasciando il prigioniero in sospeso, incerto sul suo destino.       v. 2: cioè tangibile.       v. 8 *quali*...: come i segnali in-
traducibili delle navi nella notte, così speranza e memoria lam-
peggiano nella mente del prigioniero, che non osa ancora immaginare il ritorno.

(I) v. 4 *mancavo*: venivo meno. La scena è onirica: a un momento di spavento e angoscia segue una visione che rammenta
G. Gozzano, *Convito*.

(II) v. 3 *amalgamarsi al suolo*: vale il *mimetizzarsi* del v. 2: far
tutt'uno con il terreno.       v. 4 *di fronda*: vegetale; che imita le
piante (ma con attrazione del franc. *fronde*).       v. 11 *Se*:
quando. *rombante distruzione*: gli attacchi aerei, da cui non c'è
difesa. Cfr. *Sicilia '43*, dove Sereni scrive del periodo trascorso
in Sicilia prima di esser fatto prigioniero: «Era stato un periodo

di tirocinio al gioco della morte. Giungeva questa senza sorpre-
se, a ore fisse sbucava dalle nubi o si delineava all'orizzonte ac-
compagnata da un rombo crescente che presto trasvolava...»
(ID 9).    v. 13 *senza onore*: tutto il frammento riflette un atteggiamento di amara ironia nei confronti dei «generali» e dei
superiori, che erano i «primi a non credere, o a non credere più,
alle proprie parole» (ID 145). Nella stessa prosa (*Port Stanley
come Trapani*) si legge anche: «La storia di quei giorni oscilla
tra l'interrogativo ansioso sul come, sul quando, sul da dove
del fatto incombente e l'orrore della sua ineluttabilità».

(III) *Così una donna amata...*: i versi e i brani in prosa che for-
mano i *Frammenti* mettono in parallelo, secondo un procedi-
mento tipico di Sereni, che non ammette alla poesia eventi se
non filtrati dall'esperienza soggettiva, la sconfitta militare con
quella amorosa. In entrambe l'oggetto di un sentimento — qui
l'amata, lì la patria — passa di proprietà e passando dall'uno
all'altro amante-soldato si trasforma. Questa metamorfosi è
descritta in un passo di *Sicilia '43*, la prosa da cui provengono
anche i due passi accolti in questa sezione del *Diario*: «Ci de-
v'essere in ogni guerra un momento a partire dal quale, non solo una luce di sconfitta cala sulle uniformi e sulle armi della
parte che presto sarà riconosciuta perdente, ma il paese stesso
che è oggetto di attacco o di invasione assume luci e colori per
cui, in modo d'ora in ora più sensibile, passa in altra storia da
quella patria, accenti nuovi, aliti nuovi lo corrono, il suo cielo è
già intonato a un diverso vessillo, prima ancora che questo ma-
terialmente vi si dispieghi e vi sventoli» (ID 8; poi anche all'interno di *Ventisei*, cfr. SLDA).

(IV) v. 1 *d'allora*: la primavera del '43.    v. 7: cfr. G. Carducci, *Canzone di Legnano*, III, vv. 2-3: «La primavera in fior
mena tedeschi, pur com'è d'uso».    vv. 8-10 *alato / dialogo*:
le voci dei *piloti* di aerei (probabilmente alleati) in navigazione
quotidiana sulla zona, udite dall'altoparlante di una radio; magari con affioramento nella memoria di vere e proprie *regate* la-
custri. *compitare*: scandire.    v. 13 *in cadenza*: cfr. G. Trakl,
*In primavera*, nella traduzione di G. Pintor (1940): «e i remi bat-
tono piano in cadenza».    vv. 15-16: immagini di idillio, evocate non solo dal luogo ma dalla coesione formatasi tra i soldati
«ridenti d'amore»: Sereni ne parla in *Ventisei*. Il quadro di
splendente natura richeggia quello di *Strada di Creva*, I.    v.
19 *a stelle e strisce*: la bandiera americana, dei vincitori; cfr. *Si-*

*cilia '43*, (ID 8).      v. 20 *così*: perché non sarebbe stato possibile altrimenti, come il destino fosse segnato; ma è detto con l'amarezza di chi ha immaginato altri possibili destini, di fratellanza (cfr. *Port Stanley come Trapani*, ID, e, in SLDA, *Ventisei*), e soprattutto con ironia riguardo all'impreparazione dei soldati italiani alla guerra.

(V) Si noti che questa sezione riprende la visione dei primi versi. Cfr. ID 8.

L'OTTO SETTEMBRE                                                    *p. 93*

*Titolo*: l'otto Settembre 1943 è la data dell'armistizio con gli eserciti angloamericani; o più precisamente la data in cui esso venne reso pubblico. Come ricorda in *Le sabbie d'Algeria*, in quel momento Sereni era già con gli altri prigionieri su una nave che avrebbe dovuto portarlo negli Stati Uniti: «Quella senz'altro sarebbe stata la nostra destinazione se non fosse giunto l'8 settembre. Eravamo già imbarcati nel porto di Orano e pronti a salpare alla volta di un porto che c'illudevamo essere quello di New York (...) quando ci fu comunicato l'armistizio e fummo sbarcati in attesa che qualcosa si decidesse anche di noi» (SLDA 70). Come introduzione allo stato d'animo da cui si origina la lirica, si può leggere un brano di *L'anno quarantatre* relativo a quei giorni: «... ci ordinarono di salire in coperta per comunicazioni importanti. Non ricordo se ci lessero il testo di Badoglio o se si limitarono a darci l'annunzio (...). Bisognava lasciare quella nave, che già si riaccostava alle banchine, tornare a terra dopo aver fatto fagotto. La città di Orano, le case grigie del porto nel giorno anche più grigio erano davanti a noi. Qualche grido di *macaroni* e *chemise noire* si levava qua e là, ma fiacco, poco convinto, mentre sfilavamo avendo le navi già alle spalle» (ID 86).      v. 1 *sale macaroni*: «sporco italiano»; espressione stereotipa francese, qui rivolta ai soldati. *sulla memoria*: nel ricordo (la composizione reca due date: '43/'63).      v. 2 *scalpore*: strepito. *solfa*: monotono ritornello.      v. 3: nel ricordo suono e senso si separano, il ritornello perde il carattere di offesa per diventare solo «ritmo» (v. 6).      v. 17 *girata altrove*: come la nave che avrebbe dovuto portare il prigioniero negli Stati Uniti, la guerra ha preso un'altra direzione. L'immagine sancisce l'esclusione dell'io dalle traiettorie della storia.

## 3. Da *Gli strumenti umani*

*Titolo*: via Scarlatti è una via di Milano: Sereni vi abitò dal 1945 (anno del ritorno in patria) fino al 1952. vv. 1-2: la seconda persona dell'*incipit* è da interpretarsi in senso emblematico, non come riferita a un interlocutore reale. Nel distico il *te* è posto in forte rilievo, e si tratta di un gesto di nominazione tanto più significativo in quanto posto sulla soglia della raccolta del 1965 (in un primo tempo la lirica chiudeva *Diario d'Algeria*): come se, dopo la stagione tutta negativa del *Diario*, segnata da uno sradicamento prima e poi da una stasi assoluta, vacanza di senso e di vita, il poeta dovesse ristabilire i confini della sua esistenza, e la grammatica della sua poesia. Ciò comporta una dichiarazione preventiva: la poesia è dialogo; ma interiore, esclusivo. L'opera così s'inaugura con un atto di intima confidenza e, insieme, un moto transitivo, il cui referente d'ora in poi è destinato a entrare, dal vissuto, nella compagine stessa dei testi: presenza/assenza connaturata alla tradizione lirica ma soggetta a farsi segno, nel suo apparire e sparire, della costante tensione dell'io verso l'esterno, anzi a fondarne lo stesso discorso. v. 3 *golfi di clamore*: la città è assimilata a un mare per il suo fragore incessante; in concreto il riferimento è a corso Buenos Aires e a piazza della Stazione, luoghi dove maggiore è il traffico cittadino. v. 6-7 *sparuti / monelli*: bambini esili nel corpo (la guerra è ancora vicina). Il passo ricorda Saba; come del resto l'ambientazione urbana della lirica richiama il poeta di *Trieste e una donna*. v. 8 *lei*: la via. v. 13 *quella pena*: sui volti dei passanti si riflette il peso del lavoro quotidiano, la durezza dell'esistenza che costa *ira* e *fatica* (si leggano i termini come fossero un'endiadi). Ne sono il controcanto positivo lo *scatto* e il *duetto* dei vv. 14-15. v. 15 *sgolarsi*: cantare a piena voce. v. 17 *aspetto*: per collocazione il verbo richiama G. Gozzano, *Totò Merumeni*, v. 59: «... e meglio aspetta» (il contesto è però radicalmente diverso), che deriva da Petrarca, *R.V.F.*: cv, v. 78: «... e meglio aspetto». Si noti il forte rilievo che nel verso spetta al *qui*: ulteriore messa a fuoco grammaticale, non meno importante del *te* del v. 1. Con esso viene additato, fiduciosamente, il luogo degli *Strumenti umani*, la cui poesia è ben radicata nel contesto urbano: la città è il concreto scenario d'appartenenza delle speranze dell'io, figura di una realtà dolorosa ma in movimento e aperta al possibile, al futuro evocato dal finale (al futuro parlerà l'ultimo verbo della raccolta, in *La spiaggia*).

*Titolo*: il tema del ritorno, in quanto legato alla memoria e a una nozione ciclica del tempo, riveste un ruolo centrale nell'opera di Sereni; e un posto importante occupano questi versi negli *Strumenti umani*, poiché denunciano appunto l'insufficienza della memoria. In *Dovuto a Montale* (ID 164) Sereni ha scritto, a proposito di un ritorno al paesaggio che è poi quello di *Frontiera*, del venir meno, in esso, di attesi «segnali»: «Un istinto incorreggibile mi indusse a riprodurre momenti, a reimmettermi in situazioni trascorse al fine di dar loro un seguito, sentirmi vivo rifugiandomi in quello dal buio della lontananza e della guerra». Ma l'istinto si rivela fallace: il paesaggio è muto, il rifugio inservibile: «Perduto ogni incanto, dissolto ogni alone, ogni ricordo rimosso» (ID 165). Ciò vorrà dire che al poeta degli *Strumenti* non è più possibile riappropriarsi liricamente dell'orizzonte idillico e concluso di *Frontiera*: la ricognizione — anche per l'ulteriore chiusura d'orizzonte rappresentata nel *Diario d'Algeria*, che ha valore di cesura — diventa verifica di una inadeguatezza: riconoscimento che è il primo passo sulla strada di una riconquista del reale alla poesia (della capacità di quest'ultima d'interpretare il mondo).          v. 1 *le vele*: di barche in regata.          v. 2 *pari*: in sintonia, in armonia; accordato (anche nel senso dell'«altezza») con il *poema*. *respiro*: ritmo interiore; ma anche capacità di poesia, ispirazione.          v. 3 *attonito*: muto e impotente.          v. 4 *specchio di me*: cfr. E. Montale, *Ballata scritta in una clinica*, vv. 9-10. *lacuna*: vuoto, mancamento; latinismo in relazione etimologica con il *lago* del v. 3; cfr. *Inferno*, i, v. 20 e E. Montale, *Dora Markus*, v. 22 (in *Le occasioni*). Per questa lirica cfr. L. Barile, cit., che riporta un'intervista di Sereni.

vv. 1-3: l'attacco interrogativo della lirica testimonia di una tensione interpretativa dell'io nei confronti del mondo esterno che è come una risposta alla situazione prospettata in *Un ritorno*, tanto che le due poesie possono leggersi come momenti contigui e dipendenti di un unico moto.          v. 4 *segni*: voce che già ricorre due volte nel *Diario d'Algeria* (cfr. *Non sanno d'essere morti, Algeria*), di probabile ascendenza montaliana, è qui equivalente a *messaggi* (v. 2): indizi di una dimensione latente nel reale, in cui questo si manifesta come dotato di senso, che è compito dell'immaginazione — e quindi della poesia — decifrare. v. 5 *zampettìo*: cfr. E. Montale, *Nella serra*, v. 1. v. 6 *invito*: l'io avverte che uscendo all'aperto e seguendo le tracce (ancorché queste siano confuse: v. 5) potrebbe vincere l'*enigma* (v. 9) che gli rende indecifrabile il mondo, la rigida scorza del reale. Ma con il sopraggiungere della pioggia (v. 8) le tracce si cancellano e svanisce la luce (*bava celeste*, v. 7) che era apparsa nell'oscurità (*giorno fioco, ibidem*; con memoria di *Inferno*, II, v. 75): l'occasione è ormai persa. A un movimento di apertura segue dunque uno di chiusura, dato dal ricadere nell'abitudine (v. 10), che costituisce una protezione nei confronti dell'ignoto ma è condanna alla ripetizione intesa come limite negativo. Sempre in *Dovuto a Montale* (ID 164) Sereni osserva: «facilmente una forma di presunta fedeltà alla propria immaginazione si pietrifica nell'inerzia, in una stortura, in un vizio vero e proprio». Il tema è in R. M. Rilke, *Elegie di Duino*, I, v. 22: «La fedeltà viziata a un'abitudine» (trad. V. Errante). v. 11 *sbandavo*: il ricadere negli schemi abituali dell'esistenza è un mancare alle promesse del possibile. *tradivo*: venivo meno al dovere di rischiare, di muovere verso l'incerto e il nuovo.

v. 1 *garrulo schermo*: gruppo allegramente vociante, che si frappone tra l'io e la sconosciuta passante. Cfr. C. Baudelaire, *À une passante*. Per *garrulo* cfr. G. Pascoli, *La siepe* v. 8 (in *Myricae*). v. 4 *luttuosa*: vestita in nero (come in Baudelaire, cit., v. 2). v. 5 *il mio sguardo di rimando*: *Uno sguardo di rimando* s'intitola la sezione degli *Strumenti umani* in cui figura la presente lirica. Per il motivo dello sguardo, oltre a *Dovuto a Montale* (ID 162), si veda IST 71-72: «Ogni tanto qualcuno mi rimprovera di guardare fisso, in modo quasi indecente, le donne. Sarà. (...) Ma lo sguardo immesso in altre esistenze che si schiudono all'immaginazione non distingue tra uomini e donne. Caso mai sta qui l'indecenza, nell'intrusione che immagina e immaginando prolunga situazioni, inventa atmosfere, suppone vicende, infine ne è parte, o tenta». *tra noi*: indica comunanza, non divisione. v. 10 *allèe*: vialì alberati. v. 12 *confine dei visi*: forse lontano ricordo del Tasso, cfr. *Gerusalemme liberata*, XVIII, 13, v. 2: «scopre in breve confin di fragil viso». v. 13 *sfiorire*: svanire; detto con l'amarezza di chi si era illuso di una possibile intesa. La chiusa ribadisce lo stallo esistenziale delle liriche precedenti.

ANCORA SULLA STRADA DI ZENNA                                   *p. 101*

v. 1 *turbate*: scosse dal passaggio dell'auto; come altrove l'aggettivo riflette i sentimenti dell'io. Per il tema delle piante nella lirica di Sereni, cfr. quanto annotato a *Dicono le ortensie*. Sempre in *Targhe per posteggio auto...*, cit., si legge: «come si spiega che ogni ripresa di discorso con l'esistenza, ritorno di vitalità o di fiducia, promessa intermittente che per un attimo si fa visibile e palpabile, elegga preferibilmente un albero a proprio simbolo o metafora?» (ID 114).      v. 2 *il verde si rinnova*: riporta E. Gioanola da Sereni che «la frase è presa di peso da Čechov, ascoltata a teatro». Si tratterà di *Zio Vania*, Atto I: ma in Čechov non abbiamo riscontrato, nelle versioni consultate, una battuta con queste parole.      v. 9 *mio rumore*: della mia auto che passa (include la transitorietà dell'io stesso).      vv. 10-11: il passaggio è ellittico, proponendo come conseguenti (si veda l'uso delle congiunzioni in chiave di leganti temporali) degli stati d'animo diversi e successivi, che secondo le fasi di un monologo interiore attraversano la mente dell'io mentre guida l'auto nei pressi del paese natale. Riassumiamo: si tratta di un viaggio entro un paesaggio ben noto, che già ha ispirato una poesia (è un dato importante per la comprensione della lirica: cfr. *Sulla strada di Zenna*, in *Frontiera*), ma in età diversa (v. 6: *estate* vale «maturità») e con diversa disposizione d'animo (v. 4: *lamento* va inteso anche nel senso letterario, di composizione poetica che ha per oggetto l'effusione sentimentale dell'io sul modulo della francese *complainte*). In occasione di questo secondo ritorno, l'io, cosciente del proprio mutamento, avverte la transitorietà della propria esistenza di fronte al quadro di ciò che non muta (vv. 9-11): quanto invece è soggetto a mutamento e quindi a estinzione è causa di disperazione (vv. 12-15); e si sottintende che la stessa trasformazione dell'io implica doloroso distacco nei confronti del passato (cfr. *Un ritorno*). L'avversativa del v. 14 introduce una serie d'immagini non più legate direttamente allo sguardo: esse oppongono al ritorno come rinnovamento e trasformazione la ripetizione e l'identità nel tempo (vv. 15-20). Il pensiero dell'io muove a un passato che può dirsi pre-moderno, in quanto segnato da attività che legano al luogo d'origine e si tramandano uguali di generazione in generazione. Lo stesso Sereni ha precisato (AA.VV., *Sulla poesia*, cit., p. 52) che gli *strumenti umani* (v. 18) che forniscono il titolo alla raccolta del 1965 sono quelli «di lavoro agresti o artigianali»: qui non celebrati, ma riaffiorati, come da una rimozione, per essere poi superati nel movimento di cui l'io avverte il privilegio (v. 26) ma anche la condanna — che ne deriva — allo sradicamento e all'oblio. La lirica riveste un ruolo cruciale nell'evoluzione poetica di Sereni e all'interno della raccolta: in quanto la tematica del ritorno vi si configura come riflessione metapoetica, stabilendo l'impossibilità di qualsiasi idillio.     v. 14 *opaca trafila*: ordine sempre uguale, successione ripetitiva.     v. 15 *carrucola nel pozzo*: cfr. E. Montale, *Cigola la carrucola...* v. 1 (in *Ossi di seppia*).     v. 17 *minimi atti*: per estensione opposti ai *sonni enormi* del v. 34 (ma in essi inclusi). Cfr. P. P. Pasolini, *La religione del mio tempo*, VI, v. 34: «questo senso / che mi strugge sui minimi atti / di ogni nostro giorno».     v. 21 *scarse vite*: esistenze misere.     v. 26 *che si tendono a me*: come per afferrare e trattenere il viaggiatore.     v. 31: con eco di G. Carducci, *Davanti San Guido*.     v. 33 *s'impunta*: allude al cambio di marcia e alla successiva accelerazione del motore (*si sfrena*).     v. 34 *enormi*: secolari (implica dimenticanza); cfr. V. Cardarelli, *Estiva*, v. 15: «riposi enormi».

v. 1 *fugge sul filo della corrente*: si allontana nel tempo, si disperde nella memoria.     v. 4 *lampàre*: le lampade che i pescatori accendono la notte sulle barche.     v. 5 *sbrecciato*: lacero.     v. 8 *memoria*: cfr. l'intervista di D. Porzio a Sereni («Panorama», 22.3.1982): «[P.]: Che cos'è la memoria per il poeta? [S.]: Per quanto mi riguarda direi che è in stretta connessione con il desiderio e, per altro verso, con una particolare forma di presagio istantaneo che di un atto vissuto fa, appunto, oggetto di memoria».     v. 10 *la punta*: cioè il ricordo, che nasce alla vista del mare (la *marina*, v. 9), ma è ormai incapace di ridar fiato all'esistenza imbrigliata nella ripetizione. Il tema collega la lirica a *Un ritorno* e a *Nella neve*.     vv. 11-12 *l'eguale / veglia del mare*: il ritmo costante della risacca.     v. 14 *preda*: allude ai resti mnemonici dei primi versi della poesia, la cui inconsistenza li rende vittime dell'oblio.     v. 16 *presto*: in poco tempo; accelera il *presto* del v. 14. *si faranno a brani*: la ferocia dell'immagine dice l'annullarsi di qualsiasi via di scampo nella memoria.

*Titolo*: la «Mille Miglia» era una famosa corsa automobilistica su strada che dalla fine degli anni Venti fino al 1957 (con una interruzione tra il 1938 e il 1947) si corse sul percorso Brescia-Roma e ritorno.      vv. 1-2: apertura d'intonazione festosa, che designa un momento di eros primaverile, di fusione con l'esterno. Il motivo del *bacio* sarà ripreso nella lirica che segue, che anch'essa ha per sfondo Brescia (cfr. V.S., *Rapsodia breve*, cit.; l'intervista ivi inclusa era apparsa su «il Bruttanome», I, 1, 1962).      v. 3 *furore*: collera; da leggersi in chiave (ariostesca) con l'*Orlando* del v. 6: i partecipanti alla corsa sono investiti di aura epica.      v. 6 *impigliato*: trattenuto, fermato da una panne.      v. 8 *e bella ancora*: il passo è tratto da un frammento leopardiano datato 1828: «Angelica, tornata al patrio lito / dopo i casi e gli errori onde cotanto / esercitata in ogni strania terra / e in ogni mar la sua beltà l'avea, / otto lustri già corsi, e bella ancora, /...».      v. 10 *amare*: l'aggettivo indica il vuoto e il sentimento di spreco che segue l'evento sportivo, vissuto con partecipazione: cfr. la chiusa di *Domenica sportiva*.      vv. 11-12: riprendendo l'immagine finale de *Gli squali* (*a brani*, cfr. v. 16), il commento implica una precisa presa di distanza nei confronti del passato. In gioventù Sereni visse a Brescia, il luogo indicato in calce alla lirica.      vv. 16-17: vale per la chiusa, un distico perfettamente speculare a quello d'apertura, quanto ha osservato Fortini: «versi emblematici del nuovo Sereni [= degli *Strumenti*] con la loro finta melodia da romanza (...) e tutta la forza puntata, invece, sulla negazione». Il quadro idillico, amoroso e armonioso, dell'attacco viene smentito nella clausola: anche questo ritorno è occasione di un sapere negativo, a sottolineare il disincanto della maturità.

v. 2 *ultime stille*: in fine di verso anche in V. Monti, *Pensieri d'amore*, IX, v. 27: «Ah! fuggi, e queste, / che mi rigan la guancia, ultime stille»; ma cfr. G. Pascoli, *Pioggia*, v. 12: «gocciar rado di stille» (in *Myricae*).      v. 3 *all'aperto*: l'ambientazione lega la poesia a quella che la precede (*Mille Miglia*); men-

tre un interno sarà quello di *Le sei del mattino*.      v. 5 *quello*:
si riferisce alla voce (*brusìo*: cfr. *Frammenti di una sconfitta*, v.
1) che appartiene al passato, fantasma funesto. La fine del temporale e l'uscita all'aperto coincidono con uno slancio, una tensione al superamento di una situazione già vissuta. Per non ricadere nella ripetizione, temendo di divenire lui stesso un fantasma, l'io si affida ad amore e amicizia.      v. 7 *romba*: il verbo
ha implicazioni minacciose: cfr. la *rombante distruzione* di
*Frammenti di una sconfitta*. *rompe*: erompe, scaturisce. La
poesia riprende il tema di *Temporale a Salsomaggiore*, in *Frontiera* (non compresa nella presente antologia), in cui *volti* (v. 8)
conta due occorrenze.      vv. 8-9: fantasmi del passato, apparizioni di un tempo che minaccia di chiudersi anche sul poeta.

LE SEI DEL MATTINO                                          *p. 106*

v. 1: è consuetudine che la porta dell'abitazione del defunto
venga lasciata aperta. *dissigilla*: disserra, apre; cfr. *Paradiso*,
XXXIII, v. 64: «Così la neve al sol si disigilla».      v. 2 *infatti*:
spiega *Tutto* del verso precedente; ma il passaggio logico e discorsivo, ripetuto al v. 5, contrasta con la violenza e l'irrazio-
nalità della visione che segue.      v. 6 *disfatto*: voce dantesca
(*Inferno*, III, v. 57; *Paradiso*, XVI, v. 109). Sta per «distrutto»,
«annientato».      v. 9 *fresca*: recente.      v. 13 *inane*: «vuol
dire qui "impotente"; ma è anche aggettivo classico ("inana re-
gna") per l'oltretomba» (Fortini).      vv. 14-15: si noti il contrasto finale tra il rimpicciolirsi dell'io nella morte (come per
una regressione: *piccino*) e il risveglio della città nell'aria *grande*. La chiusa, con l'insorgere del vento che supera l'angoscia
della visione in un improvviso moto di oblìo, ha un significato
di forte rilievo, che va inquadrato nel contesto della prima fase
degli *Strumenti*, di cui la lirica è a un tempo l'apice poetico e la
conclusione. Anche qui si ha un ritorno: l'ultimo della serie,
che riporta allo scenario d'esordio (*Via Scarlatti*); e anche qui il
ritorno è fonte di una scoperta di ordine negativo — l'io trova
se stesso morto. Ma questa rivelazione è già un'apertura al rinnovamento: è, potremmo dire, l'estinzione dell'io che era rimasto invischiato nella ripetizione, senza che al suo *sguardo* il reale sciogliesse il proprio enigma. Per questo la lirica, dopo lo
choc della visione, chiude su di un senso di liberazione: l'an-
nientamento dell'io è, per un verso, compimento e conferma
delle istanze negative proprie dell'*interno*, ma d'altra parte in-
frazione di esso (vv. 12-13) e affrancamento, rottura di una

continuità nefasta. Non a caso — dopo l'elegante e quasi epigrammatico congedo di *Giardini* (la lirica non compare in questa antologia) al motivo idillico dell'*ombra* — la poesia successiva della raccolta (*Una visita in fabbrica*) inaugura l'incontro con una realtà estranea al consueto orizzonte, che tendeva sempre a riproporre situazioni già vissute. D'ora in poi, il nuovo io vorrà capire il reale, conoscere; mettersi alla prova.

UNA VISITA IN FABBRICA                                      *p. 107*

I. .v. 2 *sirena*: cfr. *Angelo in fabbrica* (ID 60, 61).     v. 3 *tutte spente*: le sirene un tempo scandivano l'intera giornata lavorativa. L'interrogazione ricorda *Inferno*, xxxiii, v. 105: «non è quaggiù ogni vapore spento?».     v. 4 *i padroni*: delle fabbriche; è voce che anticipa il discorso dell'operaio nella sez. IV.     v. 5 *di pena*: in opposizione ai «quartieri gentili» di *La scoperta dell'odio*, i quartieri operai sono qui assimilati ai penitenziari.     v. 7 *Col silenzio*: insieme al silenzio; nel ricordo.     v. 12 *rigoglio ruggente*: all'inizio del secolo, la sirena era «il segno trionfale della marcia in avanti dei pionieri dell'industria» (Gioanola). Il tema sarà ripreso in *Festival* e in *Progresso* di *Stella variabile*.     v. 14 *guglia*: culmine.     v. 15 *degli altri*: come *operaia*, si riferisce a una realtà nuova, di recente industria.     vv. 16-17 *rancore... / malumore*: anticipano il finale, il *grido* della sez. V, v. 17.     v. 19 *bilingue*: come spiega il verso che segue, il suono della sirena è insieme annunzio di un possibile futuro migliore e simbolo del tempo perduto.     v. 21 *torreggiante*: che cresce nel ricordo, altisonante nella memoria.     v. 24 *stenta paghe...*: produce paghe stente, scarse.     v. 28 *mescole*: miscele artificiali prodotte industrialmente. (Qui il riferimento sarà in particolare a quelle della Pirelli, presso il cui Ufficio Stampa Sereni lavorò nel dopoguerra.)

II. v. 1 *La potenza*: il potere dei padroni. *si cerchia*: si circonda.     v. 2 *lusinghe*: allettamenti.     vv. 6-7: nonostante il frastuono infernale (*fragore / come di sottoterra*), il ritmo della fabbrica segue cadenze precise.     v. 9 *cottimo*: paga proporzionata alla quantità del lavoro svolto.     v. 10 *trafile e calandre*: «macchine utensili per allungare il ferro o schiacciarlo con rulli di lamine» (Gioanola).     v. 12: sebbene soccorso da spiegazioni, il visitatore resta estraniato rispetto alla realtà della fabbrica; i vocaboli tecnici non assumono per lui alcun significato. v. 13 *agganciato*: anche l'esistenza del visitatore dipende dall'industria, è presa in essa come in un ingranaggio. v. 18: promossi dall'industria a una condizione economica che dispensa degli agi, ma nello stesso tempo li rende più strettamente dipendenti. v. 20 *sala*: reparto.

III. v. 1 *dice*: mostra. vv. 5-7: allude alla vicenda di un amore tra operai, al concepimento e successivo aborto. vv. 8-9: altra vita di operaio, quella di un giovane ucciso durante la guerra.

IV. v. 3: per l'operaio non si tratta più di identificare nei padroni il nemico di classe: è la nuova organizzazione sociale che, con il suo ordine impersonale e apparentemente razionale, lo chiude senza scampo al suo interno. È da tale sensazione che scaturisce il ricordo dei versi seguenti. v. 4: l'accerchiamento evocato richiama l'esperienza di guerra che Sereni ha raccontato nelle prose di *La cattura* e *Ventisei*. v. 13: nella fabbrica uomini e cose seguono un ritmo eguale. v. 16: cfr. G. Leopardi, *A Silvia*, v. 18. (La citazione è da una poesia tradizionalmente imparata a memoria a scuola.)

V. v. 2 *sempre in regresso*: non in crescita, ma in arretrato, in ritardo (per il lavoro alienante). v. 3 *altrui pane*: cfr. *Paradiso*, XVII, v. 59. v. 5 *si fa strada*: soggetto il *senso* del v. 1; il *filo* è quello del telefono e insieme il sentimento che lega alla persona amata. v. 7 *città selvosa*: in contrasto con l'ordine della fabbrica, la città è come una foresta (cfr. *Nebbia*, non compresa in quest'antologia) in cui domina il caso e quindi il possibile. Il motivo, di ascendenza baudelairiana e poi centrale in Apollinaire, è ripreso in IST 25: «... femmina è la città, ma anche foresta per nostra delizia, smarrimento e dolore». v. 14 *fila*: snocciola. vv. 15-16 *addentrarsi / a fondo*: negli aspetti negativi del lavoro alienato, con vigile coscienza (*occhiuta pazienza*). v. 18 *un grido*: richiama il v. 1 (I); ma questa volta è di liberazione. (Soggetto di *spezzerà*.)


IL GRANDE AMICO                                        *p. 112*

*Titolo*: riprende il titolo di un noto romanzo di H. Alain-Fournier, *Le grand Meaulnes* (1913), nella traduzione italiana (1ª ed. 1933). Cfr. F. Petrarca, *R.V.F.*, LXXXI, vv. 5-6: «Ben venne a dilivrarmi un grande amico / per somma et ineffabil cortesia». v. 1 *alto*: suggerisce maggiore esperienza ed età, quindi senso di protezione. v. 3 *largo*: in senso avverbiale come *forte* del v. 4 (per cui cfr. F. Petrarca, *R.V.F.*, LXXXV, v. 1: «Io amai sempre et amo forte ancora»), a significare senza timori o ritegni. Cfr. Lonardi, Introduzione, p. 23 v. 5 sgg. *Ma...*: i quattro versi iniziali della lirica si riferiscono a una immagine-mito che ha i contorni favolosi di un racconto ascoltato nell'infanzia, e sulla scia del romanzo di Alain-Fournier adombrano il primo capitolo di una storia possibile ma soltanto immaginata. Il tema dell'amicizia riprende inoltre in *Anni dopo* (cfr. vv. 11-12); ma lo spunto del *soldato*, nella seconda parte, lascia intravedere, in filigrana, l'*esile mito* di *Italiano in Grecia*, rivisitato a distanza e affiancato nell'immaginazione da una figura che supplisca alle carenze e alle incertezze dell'io, sempre portato a *sbandare* (*Nella neve*, v. 11) e a *dannarsi* (*Italiano in Grecia*, v. 17). Con l'avversativa viene introdotto lo scenario del secondo capitolo: lo sfondo è di tipo epico e l'amico-padre viene colto in azione, nei culmini esemplari della storia fantastica di cui è il protagonista. *antivede*: prevede, intuisce. Il verbo è attestato nella tradizione da Dante in poi, in particolare cfr. G. Parini, *Il giorno*, v. 561. Per la scena della gara nautica cfr. E. Montale, *La regata* (in *La farfalla di Dinard*). vv. 9-11: cfr. *Italiano in Grecia*, vv. 13-14. v. 10 *ad altro*: l'espressione, che torna al v. 13, allude a una dimensione nascosta, occulta e favolosa che attira lo sguardo dell'io (cfr. *Nella neve*, vv. 2 sgg.) e lo *divaga* (v. 18), lo distrae, lo distoglie dal reale. Mai sfasato rispetto a spazio e tempo è invece il fantasma protettivo, calmo e preveggente (v. 9: *presago*, nel senso di *Paradiso*, XII, v. 16 e *R.V.F.*, CI, v. 14; cfr. anche *Orlando furioso*, XLII, 10). v. 12 *ombria*: l'ombra delle piante; detto con intonazione idillico-elegiaca. Voce carducciana, ma anche pascoliana (cfr. G. Pascoli, *In viaggio,* v. 54; *La sementa*, v. 28). v. 14 *al punto atteso*: nel momento e nel luogo previsto. v. 15 *la quota*: termine del gergo militare per indicare l'altezza sul livello del mare di un punto del terreno di operazioni (quindi per estensione un'area da difendere od occupare), rilevato nelle curve di livello delle cartine. *si arroventa*: diventa pericolosa, luogo di combattimento. v. 17 *della porta*: di scuola. Il motivo del ritardo è costante nella poesia di Sereni; cfr. *Troppo il tempo ha tardato*, in *Diario d'Algeria*; negli *Strumenti*, vedi *Intervista a un suicida*, v. 5: «Ero, come sempre, in ritardo». Cfr. Lonardi, Introduzione.

v. 1 *Qui ... qui*: l'espressione viene ripetuta con l'enfasi propria di una recriminazione, anticipando la sentenza del verso successivo: come di chi non sappia perdonarsi l'*errore*, la propria incomprensione. *inveterato*: ostinato, insistito per cecità.      v. 2 *acquisto*: crescita, arricchimento (locuzione eletta in chiave con il tono gnomico). Cfr. R. M. Rilke, *Elegie di Duino*, VII, v. 119: «E questo sperpero / del nostro cuore è il più segreto acquisto» (trad. V. Errante). Si tenga presente un noto passo de *Il pianto della scavatrice* di P.P. Pasolini (I, vv. 1-2, in *Le ceneri di Gramsci*): «Solo l'amare, solo il conoscere / conta, non l'aver amato, / non l'aver conosciuto...»; a cui farà eco *Un posto di vacanza*, cfr. VII, v. 9: «Amare non sempre è conoscere». L'errore appartiene anche, però, alla storia stessa di chi parla, alla sua poesia: nei versi che seguono quasi ogni parola è citazione dai versi di *Frontiera* (vv. 5-7); per *comitive* (v. 4) cfr. *E ancora in sogno...*, v. 15 (in *Diario d'Algeria*).      vv. 3-4: il tono è di finto abbandono al ricordo, sospiro di chi evoca incanti di gioventù perduta (cfr. *Maschere del '36*). *maschere* (segnale di falsità) rimanda ancora alle *Elegie di Duino* di Rilke e, di quest'ultimo, a *Eros* (trad. G. Pintor): «Eros! Eros! Maschere, accecate / Eros. Chi sostiene il suo fiammante / viso?...», testo che sembra qui implicato per tono e tema (cfr. il finale della lirica). Cfr. anche G. Ungaretti, *Monologhetto*, vv. 161-162: «Poeti, poeti, ci siamo messe / tutte le maschere» (in *Un grido e paesaggi*); e cfr. *Poeta a palazzo*, ID 121.      v. 4 *comitive musicanti*: gruppi di sonatori e cantori, brigate di gente spensierata, cfr. *E ancora in sogno*, v. 15; insieme a *gentili* (agiati) indica un contesto di vacuo e falso benessere.      v. 5 *altre*: nuove; implica il ripresentarsi di situazione già nota (e già occasione di poesia: per *musiche* cfr. *Non sa più nulla*, vv. 9 sgg.), ciclicamente e in forma di parodia.      v. 8 *a ora tarda*: è riferita a chi parla, che in ritardo ha capito l'errore.      v. 9 *vero fuoco*: indica ira violenta (cfr. *Purgatorio*, VI, v. 38) e scontro chiarificatore tra principi opposti e irriducibili; come la *sacrosanta rissa* del verso che segue, resa dei conti finale.      vv. 11-12 *fini giochi / di deturpato amore*: quasi accusa di prostituzione, l'espressione si oppone in chiave negativa all'amore *non dovuto* e *dissipato* (vv. 13-14), che l'io rivendica per sé. L'opposizione precisa il senso del titolo: il soggetto riconosce in sé l'errore di aver confuso amore e conoscenza, o meglio di aver subordinato questa a quello (così limitando le istanze profonde tanto della poesia che dell'amore), perdendosi in quelli che *Ancora sulla strada di*

*Creva* dirà *incantevoli fumi* (v. 23), la falsa bellezza dell'apparenza e del ricordo. Ne segue la volontà di smascherare chi insiste nell'errore, con la violenza di un atto che ripara in ritardo a un'ingiustizia. Non s'intende a pieno la portata di questa poesia, determinante negli *Strumenti* e nella vicenda poetica di Sereni, se non s'insiste che la rivendicazione di un eros dal volto aggressivo e giudicante, *odio* in senso positivo, capace di catarsi e rivelazione — il lato distruttivo della *gioia* che in *Appuntamento a ora insolita* diventa *arma* (v. 32) — è mossa dall'io proprio in quanto poeta: i *giochi* saranno anche, allora, i prodotti di una poetica estetizzante, complice in una riconciliazione tra il soggetto e un mondo esterno corrotto, degradato. Nello stesso tempo, la repentina negazione qui erompente con la forza di quanto per troppo tempo è stato represso, e la conseguente dichiarazione di antagonismo tra l'io e il mondo, implicano l'annessione di nuove zone alla poesia, sempre in un ambito strettamente soggettivo ma ora in dialettica con un esterno caotico e denso, dinamico e (dirà Montale) infernale; e apre quindi la possibilità di un recupero del passato, di un dibattito interiore in cui ciò che è stato rimosso ritorna con il risentimento dell'esiliato, in una serie di figure immerse nel paesaggio familiare (saranno gli interlocutori dell'ultima sezione del libro). *esatto*: nel senso di «implacabile».

QUEI BAMBINI CHE GIOCANO                                    *p. 114*

*Titolo*: cfr. R. M. Rilke, trad. G. Pintor: «Pure i bambini che giocano soli / sanno gridare passandoci a lato» (*Sonetti a Orfeo*, II, 1-8).     v. 2: l'espressione è ottativa: il soggetto plurale rimanda a un insieme che comprende, oltre l'autore, la *gente* di *Scoperta dell'odio*, di cui la lirica rielabora il tema: la negazione dell'amore.     vv. 4-7: si leggano anche questi versi alla luce della *scoperta dell'odio*, di cui sono conseguenza. Qui *distorsione, deviato, corrotto* rimandano al *deturpato amore* (v. 12): come le *false piste*, indicano l'errore di chi distoglie l'esistenza (e l'arte) dal suo fine, e volge la memoria a scopi consolatori.     vv. 10-12: immagine di brusco disincanto: idillio scoperto per scenario di morte.     vv. 13-15: il poeta qui citato è Saba (ritratto nella lirica che segue, e implicato già nel titolo: molte poesie del *Canzoniere* hanno per oggetto figure infantili). Si tratta non di versi ma di «parole di sapienza affidate alla tradizione orale» (Mengaldo).     v. 16: *E questi*: come segnala la ripresa di *questi*, il tono è qui il medesimo di *Scoperta dell'odio*, tra recriminazione e invettiva.

SABA                                                    *p. 115*

vv. 1-2: come ha precisato Sereni, la poesia fu composta anni dopo la scomparsa di Saba, prendendo spunto da una fotografia (cfr. le interviste in «Fogli di letteratura», aprile-maggio 1967 e «Nuovi Argomenti», 55, ottobre 1977).      v. 4 *ramingo*: errabondo, senza una casa: a seguito della promulgazione delle leggi razziali Saba dovette rifugiarsi prima a Firenze, poi a Roma. *macerie...*: dell'immediato dopoguerra.      v. 10 *18 aprile*: il 18 aprile 1948 si tennero le prime elezioni libere della nuova Repubblica Italiana. Vinte dalla Democrazia Cristiana, esse suscitarono lo sdegno del poeta triestino, che in *Opicina 1947* fa dire al «ragazzo comunista»: «Dopo il nero fascista il nero prete; / questa è l'Italia...».      v. 14 *vociferando*: ripetendo ad alta voce.

DI PASSAGGIO                                            *p. 116*

v. 1: si riferisce a una visita, fuori stagione, nel luogo di mare che sarà lo scenario de *Gli amici* (cfr.) e, in *Stella variabile*, di *Un posto di vacanza*, Bocca di Magra.      v. 4 *Sangue*: il rosso dei papaveri.      v. 10 *nullità di un ricordo*: la sosta nel «posto di vacanza» è vissuta come un attimo di sospensione, stallo del flusso temporale, che estrania le coordinate dell'esperienza soggettiva. Si noti che mentre il v. 9 ripropone il motivo del ritorno in chiave con *Le sei del mattino* (cfr.), per altri aspetti (il tema della memoria, lo scenario marino) questa lirica anticipa *La spiaggia*.

GLI AMICI                                               *p. 117*

*Titolo*: per il tema dell'amicizia cfr. *Anni dopo, Il grande amico*.      v. 2: il riferimento è a Giancarlo De Carlo e a sua moglie.      vv. 3-4: in *Ventisei* Sereni ha scritto (dopo aver detto che lo scrivere «porta con sé l'indizio di un'imperfezione»): «Tra un certo tipo di testimoni inconsci di questa ma attivi per qualche demone che va con loro (...) ho cercato istintivamente i miei amici. Vanno di comitiva in comitiva, di posto in posto. Arrivano come istantanei portatori di gioia, fino al limite della tristezza» (SLDA 60).    v. 7 *torpida*: sonnolenta, in contrasto con lo slancio degli anni appena evocati.    v. 13 *si orna*: si fa bella.    v. 14 *la bocca del Magra*: Bocca di Magra, al confine tra Toscana e Liguria, luogo delle villeggiature di Sereni, è nel punto in cui il fiume Magra sfocia nel Tirreno. Da D'Annunzio (*Alcyone*) a Montale (*Un ritorno*, in *Le occasioni*) fa parte del paesaggio della lirica novecentesca.    v. 15 *confusi*: in *Sul rovescio d'un foglio* Sereni ha commentato questa poesia augurandosi «che non vi si senta solo un elogio dell'amicizia o un turbato amore per un luogo. E nemmeno un lamento contro la crescente meccanizzazione di usi e costumi né un rimpianto di forme più semplici passato sotto l'insegna del primitivo. (...) Ma che ci si legga piuttosto un corruccio, uno smarrimento rispetto alle cose che cambiano e si confondono senza che si riesca a trovare il bandolo del mutamento e della commistione; e, per contrappeso — miracoloso o no — l'intervento degli amici, il senso che l'amicizia riesce ancora a dare, come rimedio, l'ordine che a suo modo riesce ancora a mettere nella confusione e nell'incomunicabilità, lo strumento valido di distinzione e di giudizio sulle cose che essa riesce ancora a proporre» (ID 65-66).    v. 16 *trambusto*: rumorosa confusione.    v. 17 *assortita fauna*: la folla varia dei bagnanti, osservati con ironico distacco ma non senza curiosità.    v. 18: per l'invocazione cfr. *Anni dopo*.    v. 21: cfr. E. Montale, *Il ritorno*, v. 6 ) in *Le occasioni*).


APPUNTAMENTO A ORA INSOLITA                              *p. 118*

*Titolo*: la lirica fornisce il titolo alla terza sezione degli *Strumenti umani*, di cui è posta a conclusione. L'*ora insolita* fa riferimento a un momento della mattina normalmente dedicato al lavoro: un tempo sottratto alla routine. Altrettanto rilevante l'ambientazione in esterno, come sarà per le «apparizioni» e gli «incontri» dell'ultima sezione della raccolta (cfr. qui *Ancora sulla strada di Creva, Intervista a un suicida, La spiaggia*).    v. 3 *sfavilla*: risplende (dopo la pioggia notturna). Cfr. *Inverno a Luino*, v. 4 (al v. 17 anche *vetrina*).    v. 4 *ride*: lo stesso verbo ricorre per le apparizioni di *Spesso per viottoli tortuosi, Ancora sulla strada di Creva, Il muro* (cfr.): meglio che indicazione di contentezza è spia di insorgenze da zone rimosse dell'io, latenze che si svelano nel reale.    v. 5 *la mia gioia*: espressione bivalente che indica «la mia compagna» e insieme allude alla felicità che l'io reca in sé (della «vocazione per la gioia» Sereni ha scritto in *Broggini di Corso Garibaldi*, ID 61). Il colloquio che ha luogo nella lirica si collega idealmente con quello annunciato in *Via Scarlatti* (cfr.).     v. 7: sogg. la città. La frase è rifatta sul modulo di formule della pubblicistica hegeliano-marxista, ricorrenti nella discussione politica degli anni Sessanta. Nel contesto *asciuga* sostituisce «rimuove» o espressione analoga che indichi la mancata soluzione dei conflitti economico-sociali (quelli che spetterebbe di eliminare alla *città socialista* del v. 14).     v. 9 *sembiante*: volto; con probabile reminiscenza di Leopardi, *Aspasia*, v. 2: «Torna dinanzi al mio pensier talora / il tuo sembiante, Aspasia»; ma cfr. G. Pascoli, *La felicità*, v. 2 (in *Poemetti*).     v. 13 *faccia di vacanza*: l'aspetto svagato dell'io (essendo settembre — cfr. v. 23 — magari reduce dalla villeggiatura, e quindi abbronzato) è di chi sia estraneo ai problemi della vita urbano-industriale, che nei *volti* di *Via Scarlatti* si rifletteva in *ira* e *fatica* (v. 12).     v. 15 *mi sciolgo*: acconsento. Indica il cadere delle resistenze dell'io: il dialogo sin qui era in forma di contrasto, in seguito diventa confessione.     vv. 16-17: la correzione posta tra parentesi (livello di discorso pensato e non detto) suggerisce l'incostanza e la breve durata (cfr. il finale della lirica) del permanere della gioia in chi parla; ma anche che l'aspirazione a essa è perenne.     v. 18 *queste cose*: si riferisce a quanto detto prima, cioè a una sfera di discorso propriamente politica che l'io avverte come falsa o comunque estranea (proprio in qualità di poeta), e di cui si può appropriare, con senso di colpa, solo sull'onda di reazioni emotive (vv. 19-20). Segue la rivendicazione della felicità all'orizzonte soggettivo: le aspirazioni sociali ne sono estensione, non viceversa (v. 22). Quindi sono offerti degli esempi della natura individuale della gioia (vv. 26 sgg.).     v. 30 *la volpe rubata...*: l'esempio deriva da un passo di Plutarco (*Lyc.* 18,1) ove si narra, come esempio dell'educazione spartana, di un giovane che, avendo rubato una volpe, per paura d'essere scoperto si lasciò mordere da questa il ventre sino a morirne, tenendola nascosta sotto il mantello. Il passo fu ripreso da J. Bodin (nel *Metodo della storia*, cap. IV) a sua volta citato negli *Essais* di Montaigne (I, cap. XIV); ed è richiamato anche in E.L. Masters, *Antologia di Spoon River* (*Dorcas Gustine*, vv. 6-8).     v. 32 *con abuso*: illecitamente (espressione del gergo legale). Il passo (cfr. v. 35) suggerisce che la felicità, nel presente, è sempre di contrabbando, così come la poesia nasce fuori dagli schemi irrigiditi dell'esistenza: esse appartengono ad altro ordine, quello dell'immaginazione (e dell'infanzia).     v. 34 *uccidere*: cfr. *Scoperta dell'odio*. La felicità come forma di eros è arma capace di annientare chi la nega, chi vive nella falsità. Tanto più è *repressa*, tanto più nel suo lampeggiare può far *splendido* il reale.     v. 37 *rivoluzione*: il finale si ricollega al piano di discorso dei vv. 18 sgg. L'ipotesi di una trasformazione sociale, sebbene aderisca all'insofferenza che l'io prova nei confronti della realtà, resta al di fuori del quadro delle tensioni che ne orientano l'indagine (e quindi lo muovono alla scrittura): in questo senso nell'affermazione conclusiva si può scorgere una ripresa di *Una visita in fabbrica*, in particolare dell'ultima sezione (si noti *si fa strada*, v. 5, che qui torna al v. 21, sempre in riferimento alla presenza di una figura femminile) e come una precisazione rispetto al finale (vv. 17-19). Al tempo stesso, tale affermazione rappresenta una replica indiretta a quanti negli anni in cui furono scritte le poesie degli *Strumenti umani* tentavano di conciliare l'impegno politico con la letteratura.

*Titolo*: il titolo, lo stesso di una lirica di Montale compresa in *La bufera e altro*, è da riferirsi tanto a uno stato di dormiveglia in cui l'io è attraversato da ricordi (sez. I), echi del presente (II), visioni (III) e pensieri (IV-VI), che alla situazione storica del paese dopo la caduta degli ideali della Resistenza. Con fare analogo ai *Frammenti di una sconfitta* nel *Diario d'Algeria* (cfr.), il piano della storia corre in parallelo con quello soggettivo, e i versi fermano un monologo interiore che procede in modo franto, per scatti e analogie, coagulandosi in immagini simboliche, e rispondendo a stimoli esterni qui quasi sempre di tipo acustico.

I.  v. 2 *salivano alla morte*: come su una ribalta, si riferisce all'«andata in montagna» dei partigiani, cfr. v. 11; e *Un Venticinque Aprile*, ID 46.     v. 3 *indrappellati*: in schiere.     v. 4 *ordine sparso*: locuzione militare (fornì il titolo anche a una poesia di Saba, in *Versi militari*) che indica il tipo di schieramento che si adotta nei combattimenti in campo aperto, dove è pericoloso riunirsi in gruppi; l'ordine *chiuso*, all'opposto, è quello tipico delle parate: cfr. v. 6.     v. 7 *reinventandolo*: ogg. l'ordine chiuso dei vv. 5-6. Allude all'esercito partigiano, mosso da nuovi ideali e dalla speranza della liberazione (esperienza sottratta al prigioniero d'Algeria), vista come ingresso nella storia degli esclusi e degli oppressi (v. 9, *cresimandi della storia*).     v. 8: l'immagine tutta acustica riprende i *passi* del

v. 2, che darà poi la *raffica* del v. 12: è il suono breve e violento dei tacchi nella cadenza dell'andatura militare.    v. 10 *poligoni di tiro*: luoghi delle esecuzioni, come gli *spalti*.

II. v. 2 *ancora vuote*: è mattina presto. Anche in questa sezione è un rumore che nel dormiveglia giunge dall'esterno a fornire lo stimolo ai pensieri dell'io: l'attacchino che toglie dai muri i manifesti della propaganda elettorale.    v. 5 *tritume delle cicale scoppiate*: i detriti della campagna elettorale spazzati via rivelano l'inconsistenza delle promesse dei politici. Si dice «cicala scoppiata» chi chiacchiera a vuoto, fastidiosamente.    v. 9 *i veri vinti*: la gente comune, i lavoratori; con riferimento alla sconfitta del Fronte Popolare.

III. vv. 1-3: riprende il tema dei vinti della sezione precedente (forse con il ricordo di Saba, *Partita*, in *Ultime cose*, 1944).    v. 6 *folli*: scintillanti d'ira per la sconfitta o piuttosto per l'impotenza a cambiare la sorte.    v. 7 *spenti*: anche l'ira è destinata a passare.    v. 8 *sparato*: è la parte anteriore della camicia da sera: l'immagine suggerisce che stare al gioco senza colpa (v. 9) non è possibile.

IV. v. 1 *il demente*: cfr. *Il matto di Bedero* (ID 134): «Piombava in paese all'improvviso dentro l'alone vermiglio della sua follia (...)». (Si noti che il «matto» di questa prosa ostenta il garofano socialista.)    v. 4 *nella sua nebbia*: nell'ingenuità e nella confusione mentale che lo rendono facile preda di scherzi. È una figura di vittima che fa parte degli «sconfitti».    v. 9 *garruli*: ciarlieri, che frusciano sventolando mossi dal vento.    v. 10 *in panni lindi*: ben vestita; come si dice «un furfante travestito».    v. 14 *Pantalone*: maschera veneziana di origine cinquecentesca. L'espressione «paga Pantalone» è proverbiale per dire che è la gente comune a pagare gli errori dei governanti. In chiave con il v. 12, indica una figura di qualunquista; o di nemico della nascente democrazia.

V. v. 2 *portano*: annunciano. La diffusione dei motocicli, in particolare degli scooter, fu un fenomeno tipico degli anni Sessanta.    v. 3 *festa*: le partite di calcio: il campionato termina con il sopraggiungere dell'estate (vv. 4-5).    v. 6 *la ruota*: allude al giro d'Italia, che si svolge all'incirca alla fine del campionato di calcio.    v. 7 *E dopo*: cioè quando non vi saranno più, a riempire il giorno festivo, i rituali dello sport che occupano il tempo libero; cfr. ID 134.   v. 10 *dormirà*: riprende e chiarisce il v. 1. L'intera nazione, dimenticate le speranze del dopoguerra, si è come assopita, stordita dal finto benessere recatole dal progresso. La domenica — fin da Leopardi giorno le cui ore recano «tristezza e noia» (*Il sabato del villaggio*, v. 40) — rappresenta un tempo vuoto, come vuoto è l'orizzonte storico: ma entrambi sono attraversati da segni di violenza latente (cfr. sez. IV e, qui, v. 8).   v. 11 *giardino*: spazio concluso deputato al culto dell'interiorità e alla contemplazione della natura, il giardino — si ricordi che *Concerto in giardino* (cfr. *rose*, v. 15) è una delle liriche più emblematiche di *Frontiera*, e che *Giardini* è la poesia che conclude la prima parte degli *Strumenti* — qui indica il luogo dell'elegia e di un atteggiamento di separazione dal disordine del *centro abitato* (così s'intitola la sezione che si apre con questo testo). Si noti anche, in tale contesto, l'evocazione dell'*usignolo*, che ironicamente allude all'effusione patetico-sentimentale (in G. Leopardi, *Spento il diurno raggio*, v. 11, di esso si dice che «sempre piagne»; cfr. anche G. Pascoli, *Il poeta solitario,* in *Canti di Castelvecchio*).

VI. v. 1 *oppure*: con un cambio d'orizzonte, come alternativa al giardino è proposta una natura in via d'assorbimento nel centro abitato, memore dell'epoca precedente al «boom economico»: è lo scenario di una storia d'amore che si offre quale possibile evasione dallo stato di torpore.   v. 2 *marcite*: prati a irrigazione continua, diffusi in Piemonte e in Lombardia.   v. 5 *finché dura*: sino a che non vi saranno costruite nuove abitazioni. L'intonazione è scettica: nel contesto metropolitano e industriale tutto è soggetto a mutare e sparire; tema che in riferimento alla città fu peculiare della poesia di Baudelaire: cfr. *Le Cygne* in *Les Fleurs du Mal*.   v. 6 *finti prati*: cfr. *Una visita in fabbrica*, sez. II, vv. 1-2.   v. 7: le parole in corsivo qui e più avanti appartengono a una canzone popolare intorno al 1945: *In cerca di te*, di G. Testoni ed E. Sciorilli, di cui riportiamo il ritornello: «Solo me ne vo per la città / passo tra la folla che non sa, / che non vede il mio dolore, / cercando te, / sognando te, / che più non ho. / Ogni viso guardo... non sei tu, / ogni voce ascolto... non sei tu, / dove sei perduto amore? / Ti cercherò, ti troverò, / ti bacerò». Per il motivo dello sguardo e della folla cittadina il testo richiama *À une passante* di Baudelaire (cfr. *L'equivoco*), entro una cornice sentimentale e «romantica» distante dall'amara inquietudine di tutta la poesia.   v. 11 *motteggiarla*: prenderla in giro, rivolgersi a lei scherzosamente.   v. 13 *ritorno di sole*: espressione ricalcata su «ritorno di fiamma», a suggerire reviviscenza della passione amorosa.    v. 16 *vive*: rimane, sopravvive.    vv. 17 sgg.: l'ipotesi di un amore, in contrapposizione alla solitudine e al sonno, viene abbandonata: la folla cittadina è un aggregato di esistenze irrelate, che come suggeriva già *L'equivoco* non giungono a comunicare e a fondersi.    v. 18 *una musica*: cfr. *L'equivoco*, v. 7; ma anche *Il male d'Africa*, a pagina seguente. Nella musica si deposita il colore del tempo e con il suo affiorare emergono i ricordi.    v. 19 *e non sei tu*: come la canzonetta, il «tu» — per traslato anche quello delle poesie d'amore — appartiene al passato, ad *altro tempo* (v. 18). Il refrain viene assunto dal poeta ad amara epigrafe, quasi dicesse: l'«equivoco» è chiarito, non esiste più alcun «tu».    vv. 20 sgg.: dopo la ripresa del tema dell'*equivoco* entro un quadro più ampio, in cui le inquietudini soggettive ed esistenziali s'intrecciano a quelle di ordine storico, all'ultima parte di questa sezione viene affidata una conclusione provvisoria, come avveniva in *Appunti da un sogno* nel *Diario d'Algeria*. La separazione con cui viene archiviata la giovinezza è da leggersi in rapporto con la sparizione della gioia-poesia nel finale di *Appuntamento a ora insolita*, da un lato; e dall'altro, con l'attesa di *Via Scarlatti*, di cui è rievocato lo scenario.    vv. 26 sgg.: secondo modi che già annunciano una importante prosa dell'82, *Infatuazioni* (ID 147) i versi accennano alla possibilità, sempre latente, di un rinnovamento-ricominciamento esistenziale, qui attribuito alla seconda persona.    v. 30: *crolli del cuore*: mancamenti, venir meno della passione; annuncia l'*amaro di una perdita* del v. 32.    v.31 *radure di città*: la città, come in *Una visita in fabbrica* (cfr. sez. V, v. 7), è assimilata a una foresta.    v. 33 *passi*: ripresa del tema d'apertura della lirica (cfr. sez. I, v. 2).    v. 34 *Geme*: nel significato di «stilla ancora sangue», ma anche di «si lamenta».    v. 35 *da loro in noi*: dentro di noi, come un'eco. La ferita, nel ricordo, è anche di chi parla, pur giunto *tardi* (v. 33) all'appuntamento con la storia.    v. 36 *pianura*: cittadina, probabilmente per opposizione alla montagna dei partigiani. Anche qui, come in *Strada di Zenna* (cfr.), i morti parlano per mezzo del vento.    v. 37 *impietra*: sogg. il vento; vale «rammenta nella pietra», dice con le parole scolpite nelle lapidi dei caduti.


I VERSI                                                    *p. 125*

v. 1 *ancora*: detto con ironico stupore.    v. 2 *essi*: i versi, la poesia.    v. 5 *in negativo*: «Come nella grafica, mentre di solito si disegna in nero su uno sfondo bianco, può accadere il contrario, cioè disegnare in negativo, qualcosa di analogo ho fatto io. Sono cioè partito da una situazione che sapevo negativa, nonostante questo e, anzi, proprio per questo» (AA.VV., *Sulla poesia*, cit., p. 58). v. 11 *ben altro*: nell'ordine dell'esistenza, della vita. vv. 12-16: scrivere *in negativo* non è sufficiente a saldare vissuto e poesia, a conferire pienezza all'*esercizio* (v. 9) del poeta. In quanto segno di un disaccordo con l'esistenza, la poesia non dà che risultati provvisori, in un continuo ricominciamento che richiama il mito di Sisifo. Il motivo è anche in T. S. Eliot, *Four Quartets*, II (*East Coker*): «...So here I am (...) trying to learn to use words, and every attempt / is a wholly new start, and a different kind of failure» (V, vv. 1-4): «...eccomi qua, (...) A cercar d'imparare l'uso delle parole, e ogni tentativo / È un rifar tutto da capo, e una specie diversa di fallimento» (trad. F. Donini).

IL MALE D'AFRICA                                            *p. 126*

*Titolo*: la poesia appare anche nell'ed. '65 di *Diario d'Algeria*: è il secondo testo dell'ultima e omonima sezione. Il *Giansiro* della dedica è Giansiro Ferrata, critico e scrittore amico di Sereni. v. 4 *Mah!*: l'esclamazione ricorre due volte in Gozzano, *In casa del sopravvissuto*, vv. 43-4; cfr. *Appunti da un sogno*, in *Diario d'Algeria*. v. 7 *borbottìo*: rumore indistinto e continuato; cfr. v. 98. v. 9 *Orano*: cfr. *Non sanno d'essere morti* (v. note). v. 20: «dammi una caramella buon Americano ti prego». v. 24 *marmitte*: pentole metalliche usate dai soldati per scaldarsi le vivande. v. 27 *ramadàn*: è il nono mese del calendario musulmano, corrispondente al periodo più caldo dell'estate (la parola significa infatti «torrido»). È il periodo del digiuno rituale; qui *ritmo* si riferisce ai canti e alle preghiere notturne, monotone e incessanti, recitate dai fedeli per tutta la sua durata. vv. 30-32: *calcinata*, cioè bianca, perché la seconda parte del nome è *blanca*, mentre la prima parte, *casa*, è per i prigionieri sinonimo di ritorno: donde lo *sperare* e il *desiderare*. vv. 32-33 *E poi? / Ho visto*: c'è qui il ricordo di Baudelaire, *Le Voyage* (cfr. anche A. Rimbaud, *Le Bateau Ivre*). v. 34 *bidonville*: i quartieri e le città africane formate da baracche costruite con materiali di scarto, specialmente bidoni (donde il nome francese). v. 35 *barracani*: vesti a forma di mantello, di tela o lana, tipiche delle popolazioni dell'Africa settentrionale.    v. 48: cfr. *Inferno*, XXVI, v. 104 (e G. Gozzano, *La Signorina Felicita*, v. 396).    v. 49 *febbre*: cfr. *Se la febbre...*, *Algeria*; più avanti (v. 51) dirà *un'ansia*.    v. 59 *alla festa*: della liberazione dal fascismo.    v. 60 *turpe gola*: della cagna Gibilterra.    v. 61 *troppo tardi!*: cfr. G. D'Annunzio, *Aprile*, v. 30 (in *Poema paradisiaco*).    vv. 64 sgg.: i primi quattro versi di questa parte della poesia sono espressioni attribuite all'interlocutore che chiede notizie dell'Algeria, ed è deluso dalla risposta dell'ex-prigioniero, definita bruscamente *ciarla*, racconto senza capo né coda: sembra infatti la storia di un viaggio come tanti altri (v. 66). Il senso dell'esperienza africana resta infine sospeso a dei ricordi, non partecipabile nella sua essenza (vv. 68-75).    v. 68 *groppo*: nodo doloroso.    v. 70 *sbrindellato*: con le vesti lacere, malmesso.    v. 75 *impero*: quello coloniale fascista. La parola altisonante è impiegata con intenzione ironica.    v. 79 *Trafitture*: ferite, segni inferti nella memoria.    vv. 82-83 *Symphonie*: «Symphonie d'amour» era un motivo molto popolare nel dopoguerra; cfr. G. Ferrata, *Lettere dal Nord*, in «Rassegna d'Italia», IV, 5, maggio 1949.    v. 84 *s'industria*: si dà da fare.    v. 88 *notizie d'Algeria*: nel 1954 il Fronte Nazionale di Liberazione guidato da Ben Bella passò alla lotta armata contro il governo coloniale francese. Del 1957 è la «battaglia di Algeri», e del 1959 il riconoscimento da parte di De Gaulle del diritto all'autodeterminazione del popolo algerino. La guerra di liberazione algerina ebbe echi e ripercussioni anche in Italia, suscitando un vivace dibattito politico e intellettuale, tra i cui protagonisti si ricorda Vittorini.    v. 90 *di noi*: delle nostre speranze. Il poeta delega ai ribelli il compimento della propria esperienza di prigioniero, come se questi potessero darle un senso a posteriori, o meglio giungere all'appuntamento con la storia recando anche le speranze di chi ne fu escluso.    v. 96 *proliferò*: produsse; sogg. la *febbre*, cfr. v. 49.    v. 98 *santamente*: in nome di sacri ideali.    v. 100 *groppo*: cfr. v. 68; il ricordo dell'esperienza algerina è come un groviglio di sentimenti che pesa sul presente, di cui l'io cerca di liberarsi (v. 102).    v. 104 *borbotta*: ripresa del v. 7, cfr. G. Pascoli, *La notte dei morti*, v. 5: «Scoppietta il castagno, / il paiolo borbotta» (in *Myricae*).

UN SOGNO                                             *p. 130*

*Titolo*: ha inizio con questa lirica la serie delle visioni della sezione conclusiva degli *Strumenti umani*: *Apparizioni o incon-*

*tri.*    vv. 2-4: tanto Bocca di Magra che Luino sorgono presso una foce: la prima del Magra nel Tirreno, la seconda del Tresa nel Lago Maggiore.    v. 6 *Le carte*: i documenti.    v. 12 *favole*: fatti irrilevanti, inutili.    v. 13 *programma*: come sarà detto più avanti (v. 19) quel che viene richiesto è un impegno ideologico preciso.    v. 14 *fogli*: in senso generico, equivale a *carte*; ma con allusione ai versi.    v. 22 *disdoro*: disonore, con inflessione ironica rispetto a *Nel sonno*, III, v. 9. L'incapacità di scelta e di autodefinizione, la resistenza a identificarsi per via ideologica viene riconosciuta dal poeta come insuperabile (vv. 23-24). Per questa lirica il lettore confronti con *Presso il Bisenzio* di M. Luzi (in *Nel magma*).

ANCORA SULLA STRADA DI CREVA                              *p. 131*

*Titolo*: come per *Ancora sulla strada di Zenna*, il titolo avverte che occasione della lirica è un ritorno a luoghi che già avevano dato origine a dei versi (cfr. *Sulla strada di Creva* in *Frontiera*); e come avveniva in quella poesia, anche qui il ritorno implica una verifica dell'io nei suoi rapporti con il paesaggio inteso in senso lato, zona delle radici e degli affetti ma anche retroterra culturale e luogo elettivo della scrittura giovanile.    v. 1: una donna anziana incontrata per strada viene vista come spettro che emerge da un passato indistinto (v. 2) ma radicato nella tradizione cattolica. Per questa subitanea identificazione non è senza rilievo notare che la parte di Creva, nella topografia familiare di Sereni, rappresenta la parte materna: cfr. *Il tempo delle fiamme nere* (ID 148).    v. 3 *a tardo vespro*: a sera inoltrata, dopo la funzione.    v. 4 *cattolica penombra*: il sostantivo funge da spia della relazione dell'io con la religione. Questa occupa una zona d'ombra, in quanto tale soggetta a rimozione e in opposizione alla luce solare che più avanti (v. 40) sarà richiamata in chiave positiva, come possibilità mancata. Il contrasto chiaro/scuro si fa carico nel testo di significati psicologici e culturali, da leggere in rapporto al contrasto interno/esterno su cui si fondava la lirica giovanile (cfr. *Strada di Creva*).    vv. 5-6: l'estate di San Martino è il breve periodo in cui tradizionalmente si ha un miglioramento del clima invernale, in prossimità dei giorni dedicati alla commemorazione dei defunti: questi sono ricordati il 2 novembre, mentre san Martino cade l'11 dello stesso mese. Qui la notazione temporale (cfr. G. Pascoli, *Novembre*, in *Myricae*, vv. 11-12) richiama *Sulla strada di Creva*, vv. 7-8, con riferimento all'apparizione della defunta.     v. 7 *vermiglia del suo riso*: perifrasi di tipo impressionistico, che sbalza sullo sfondo scuro del quadro sin qui delineato il rosso del volto sorridente della donna (analogamente in forma di metonimia ai vv. 13 e 14 *seta* e *lustrini* vengono premessi al *parasole* e all'*abito*). L'aggettivo, ricorrente nelle prose di Sereni, è in Dante (*Inferno*, III, v. 134) e Petrarca (*R.V.F.*, CXXXI, v. 9), ma si ricordi, per il contesto sintattico e tematico (un incontro per strada), l'occorrenza in Gozzano, *Le due strade*, v. 45: «Nulla fu più sinistro della bocca vermiglia».     v. 8 *rogge*: fosse per irrigazione e di alimentazione dei mulini. Qui il riferimento specifico è a quelle di cui scrive Sereni nella prosa *Negli anni di Luino* (ID 137): «Acque appena cantanti, scomparse, riapparse tra foglie e fili d'erba (...), confuse con le voci delle frasche, col verso degli uccelli... Intorno o lungo i declivi del Möt (...) del Rocol, del Longhirolo...»     v. 11 *Ilare*: usato avverbialmente, vale «con fare gioviale, sorridente»; cfr. M. Luzi, *Diana, risveglio* (in *Un brindisi*), v. 9: «E tu ilare accorri e contraddici in un tratto la morte».     v. 14 *lustrini*: piccole lamine brillanti ornamentali (come il *parasole* indicano ceto benestante).     vv. 14 e 16 *nulla fu*: suggerisce il cancellarsi dell'aspetto cupo dell'abito a lutto (*gramaglia*, v. 17) in presenza del lampeggiare del volto, che induce stordimento in chi ascolta (prodromo della «rivelazione»); forse con ricordo del latino *nihil fuit* = «a nulla valse».     v. 19 *e di altro* : allusione all'intimità della coppia.     v. 21 *lei*: la donna.     v. 22: l'espressione proverbiale si usa «quando ad una persona che noi reputiamo finta e doppia, vogliamo significare che la sua malizia ci è nota» (Tommaseo). Il tono è dunque di rimprovero, rivolto alla *nube* che sta per i due amanti e più precisamente all'amore stesso, come spiegherà il v. 33. Da notare che anche in *Scoperta dell'odio* l'invettiva in nome di eros era rivolta a *maschere* (cfr.).     v. 23 *incantevoli fumi*: secondo L. Barile «forse debitori della montaliana *Crisalide*, in *Ossi di seppia*, vv. 43-44 ("... come può sorgere agile / l'illusione, e sciogliere i suoi fumi")».     vv. 24 sgg.: il «fantasma» assume qui il ruolo di testimone di un male inteso amore, svelato nella sua natura equivoca e negativa. L'esempio proposto, con allusione all'Ofelia di Shakespeare (vv. 26-27), ha valore d'ammonimento per la coppia e indirettamente per il poeta: vi si parla del suicidio di una giovane la cui *guancia intatta* è simbolo d'innocenza e castità. Essa, per amore, si nega alla vita, ma nell'atto stesso della negazione l'ideale che la muove è contraddetto dalla *forza* (vv. 28, 32) con cui trascina con sé le piante (v. 29) della sponda del fiume o lago. Il quadro è suscettibile di più interpretazioni; qui, in accordo con quanto detto per *Ancora sulla strada di Zenna*, si può avanzare l'ipotesi che l'episodio sia da riferirsi alla giovinezza dell'io e per estensione alla sua stessa poesia: ove si ricordi il *trepido vivere nei morti* di *Sulla strada di Creva* (II, v. 1) se ne intravede qui il ripudio, per dir così, figurale, e con esso quello della poesia in quanto poesia (solo) d'amore. L'idillio lacustre riconduceva eros nei confini di tanatos; l'amore di Ofelia è sterile, statico, chiuso, toglie alla vita per dare alla morte (*sonno*, v. 29). v. 30 *ultima riva*: cfr. *Inferno*, XXIX, v. 52. v. 34 *ombra*: si ricollega alla *penombra* dei vv. 4 e 16. Dopo la pausa, il discorso si mantiene allusivo ma evoca un tempo ancorato ai ritmi di nascita e morte, al dolore e alla penitenza (v. 37) e al succedersi narcotico dei giorni (vv. 38-39). Il trapasso è ellittico: ma *acque, siepi* e *giugno* rimandano a luoghi propri della poesia di Sereni, in particolare cfr. *Strada di Creva*, vv. 2 e 9 (*giugno* invece è in *Diana*, v. 20); e soprattutto si noti che la voce *ombra* ha un'alta frequenza nella raccolta giovanile (nove occorrenze): si sarebbe tentati anzi di dire che è il segnale della *frontiera* intesa come rifugio e limite. Ne viene così ribadito l'errore, sino alla condanna conclusiva (vv. 42-43) che segue alla recriminazione sul tempo sprecato (vv. 39-41). v. 44 *delirando*: vaneggiando, parlando come fuori di sé; cfr. *Inferno* XI, v. 76. *perduta forza*: quella di cui si dice ai vv. 28 e 32, non tanto «persa» quanto «mancata», «negletta». v. 45 *remota gioia*: implicita nella *forza*, e con essa rimossa dall'esistenza dominata dalla ripetizione (cfr. *Appuntamento a ora insolita*). *dileguando*: sparendo, allontanandosi; cfr. E. Montale, *Iride*, v. 31; e *Inferno*, XVII, v. 136. vv. 46-47 *la morte / … occulta tra noi*: si ricordi che la *mascherina* del v. 22 si «nascondeva», ed è «riconosciuta» per l'intervento della donna. L'amore male inteso equivale a morte: appresa la parabola, l'io sceglie di non parlare più d'amore (v. 49). Il gesto di rinuncia coinvolge qui direttamente la poesia, con moto parallelo alla *scoperta dell'odio*: si noti (vv. 47-48) l'insistenza con cui viene sottolineato il momento della comprensione, a segnarne il carattere definitivo.

INTERVISTA A UN SUICIDA *p. 133*

v. 1 *L'anima*: come spiega il verso successivo, è il luogo in cui emergono le colpe e le omissioni legate alla storia individuale; che qui assumono la figura del suicida. È dunque questa un'altra *apparizione*, che ha anch'essa sede nel paese dell'infanzia del poeta, ulteriore tappa del regolamento di conti con il passato.    v. 3 *deplorazione*: lamento luttuoso e solenne (latinismo). Allude al salmodiare del sacerdote che celebra le esequie, che suona come un rimprovero all'io che sopraggiunge in ritardo (v. 5).    v. 4 *rimbrottò*: rimproverò bruscamente.    vv. 6-7 *furia / nera*: come in *Ancora sulla strada di Creva* (v. 7) e altrove il dato cromatico è messo in primo piano nella rappresentazione. *Furia* esprime la violenza della visione improvvisa del funerale.    v. 8 *Il posto*: designa il luogo dell'apparizione, Luino: il suicida era un amico d'infanzia del poeta. *con memoria*: che recava il sentore.    v. 10 *campane sfatte*: come per quelle *smemoranti* di *Ancora sulla strada di Creva* (v. 38), c'è qui un riferimento al suono e al ritmo propri delle campane lombarde, a cui Sereni ha accennato, scrivendo di Milano, in una prosa (Introduzione a T. Di Salvo-G. Zagarrio, *Lombardia*, Firenze 1970, poi in «L'Illustrazione Italiana», II n.s., 5, 1982) che si richiama a Rebora (cfr. *Campana di Lombardia*, in *Canti anonimi*) e Piovene (cfr. *Viaggio in Italia*, Milano 1957, p. 73: «non... festose e rapide, come quelle del Veneto, ma lente, profonde, campane di monastero longobardo»).    v. 13 *il pubblico macello*: cfr. *Omaggio a Rimbaud* (ID 49): «Si ha sempre l'impressione, come rasentando i pubblici macelli, che qualcosa stia perpetrandosi qui, a due passi dal diporto: qui potrebbe esplodere l'urlo, qui il fatto atroce, la cosa mostruosa, di qui dilagare lo scandalo nel cuore della quiete». Si noti che tanto la domanda successiva che l'io si pone (v. 14) quanto le immagini del discorso del suicida (vv. 23 sgg.) hanno origine nel cadere dello sguardo sul macello pubblico: la morte e la violenza abitano il paese in stretta contiguità con la vita quotidiana (che ne ottunde la percezione). Il suicida ne rivela l'orrore mediante una serie di immagini irrelate, facendosi portavoce «infernale» dello scandalo.    v. 14 *eterno*: per il cattolicesimo l'anima è la parte eterna dell'uomo; ma (cfr. v. 44) nel contesto l'espressione ha connotazioni ironiche.    v. 17 *siepe di fuoco*: immagine anch'essa infernale, richiama il «roveto ardente» di *Esodo*, 3, 2, e ricorre anche in *Ventisei* (SLDA 50), riferita però al sistema difensivo del fronte siciliano durante la guerra.    v. 18 *vetro*: cfr. *Purgatorio* XXVII, v. 49 («bogliente vetro»).    v. 19 *indolore con dolore*: cfr. T.S. Eliot, *Four Quartets*, III (*Dry Salvages*), II, v. 33: «The movement of pain that is painless and motionless» (trad. cit.: «Il moto del dolore che è immobile e non duole»).    v. 21 *voci lingueggianti in fiamma*: «Questi versi sono fitti di reminiscenze dantesche e mettono assieme riferimenti del canto dei lussuriosi nel

*Purgatorio* (XXVII) e del canto dei consiglieri frodolenti dell'*Inferno* (XXVI), dove Ulisse parla dimenando la fiamma come una lingua che parla» (Gioanola); cfr. *Purgatorio*, XXVII, vv. 130-132: «Quand'egli ebbe il suo dir così compiuto, / la fiamma dolorando si partìo, / torcendo e dibattendo il corno acuto»; *Inferno*, XXVI, vv. 85-90: «Lo maggior corno della fiamma antica / cominciò a crollarsi mormorando, / ... Indi la cima qua e la menando, / come fosse la lingua che parlasse, / gittò voce di fuori...».      v. 22 *simulacri*: immagini, apparenze (come in G. Leopardi, *Il sogno*, v. 7); insieme a *figure* del verso seguente vale «visioni frammentarie e simboliche». Sono gli affioramenti mnemonici del discorso del suicida.      v. 30 *ornato*: poeticamente, in stile elevato.      v. 31: citazione da *Paradiso*, XV, v. 37. *Val di Pado* è la Pianura padana.      v. 32 *non quaglia*: non funziona, non «attacca».      v. 33: la frase intende colpire la poesia idillico-sentimentale, contestandone l'inadeguatezza anche rispetto alla condizione di chi vive in un paese di provincia con la sua violenza latente, esemplificata dall'uccisione del cane (vv. 36-37).      v. 38 *ammanco*: somma di denaro mancante, della cui sottrazione il suicida, impiegato comunale, era stato accusato, secondo quanto si deduce dal contesto. Nel senso figurato dell'epitaffio ai vv. 40-43 vale senso di perdita, bilancio fallimentare dell'esistenza.      v. 43 *Decresceva*: rimpiccoliva; moto analogo al «dileguare» di *Ancora sulla strada di Creva*, v. 44.      v. 44-45 *puerile*: infantile (latinismo); vale «quale s'immaginano i bambini». *terrori / rosso su rosso*: da riferirsi sempre all'immaginario infantile, visioni infernali.      v. 46 *noia*: cfr. *Ancora sulla strada di Creva*, v. 40.      v. 48 *turbarsi*: detto degli *steli* (v. 49) richiama *Ancora sulla strada di Zenna*, v. 1, come il verso che segue.      v. 51 *si passano la voce*: sogg. le *acque* del v. 53. Il paesaggio è indifferente alle esistenze degli uomini.      v. 53 *falsamente*: non solo perché possono oscurarsi improvvisamente (cfr. *Inverno a Luino*, vv. 20-21) ma perché occultano la morte e la violenza: cfr. v. 33.      vv. 54-55: anche il paese di provincia ha il suo sviluppo, come le metropoli, «ma lo squallore della noia e del vuoto è rimasto, ancora più accentuato» (Gioanola).      v. 57 *voi...*: l'allocuzione è in tono di rimprovero, rivolta a quanti scrivono per deprecare la città moderna, senza immaginare la realtà della vita di provincia.      v. 61 *scriba*: cfr. *Paradiso*, X, v. 27; si noti anche che *Lo scriba* s'intitolava una poesia di Sereni pubblicata su «Il Meridiano di Roma», 7.2.1937, e mai raccolta in volume. *una pagina frusciante*: l'intera esistenza di un uomo viene ridotta in sintesi al breve attimo in cui il suo nome è trascritto sui registri dell'anagrafe.    v. 63 *polvere*: terza occorrenza del sost. nella lirica. L'insistenza suona richiamo al monito di *Genesi*, III, 19.


IL PIATTO PIANGE                                              *p. 136*

*Titolo*: l'espressione appartiene al gergo dei giocatori di carte: è l'avvertimento del mazziere che le poste in gioco sono scarse. La frase fornisce il titolo a un racconto di Piero Chiara, narratore di Luino amico di Sereni, strettamente collegato alla poesia. Di questo racconto, in una lettera dell'aprile 1961, Niccolò Gallo scrisse a Sereni: «*Il piatto piange*, (...) oltre che la cronaca divertita dello stregonesco incantesimo delle carte, che lega per intere nottate al tavolo verde i giocatori luinesi (...), e di quella altrettanto vivace e pungente dei loro amori, è anche il rendiconto amaro di un tempo perduto, di quello che è mancato a una generazione» (in *Scritti letterari di Niccolò Gallo*, a cura di O. Cecchi, C. Garboli e G. Roscioni, Milano 1975, p. 173).    v. 1 *li colse*: il gruppo di giocatori, tutti nati nello stesso paese.    v. 4 *campane*: terza occorrenza «acustica», in serie con *Ancora sulla strada di Creva* e *Intervista a un suicida*, anche qui il suono delle campane segnala lo sfondo provinciale-paesano comune alle tre liriche. Identificando, si è detto, un momento propriamente lombardo del paesaggio, il sottofondo sonoro è un richiamo costante della *ripetizione dell'esistere* (v. 13) propria della vita provinciale, qui contrapposta (v. 7) a quella urbana.    v. 6 *murati in un lavoro*: segregati in un ufficio o una fabbrica, condannati a un lavoro alienante.    v. 7 *scroscianti*: allude al «rombo continuo e discorde» della città, di cui Sereni ha scritto a proposito di Milano («L'Illustrazione Italiana», cit.): simile al rumore della pioggia o di una cascata per chi sia in un interno.    v. 7 *qui*: nel paese, in provincia.    v. 9 *sprangati*: replica *murati* del v. 6, equivalente anche a *tappati*: il lavoro in città e il gioco hanno in comune la chiusura verso l'esterno.    v. 10 *vedo*...: espressioni dei giocatori di poker, come la formula citata al verso seguente che contiene l'ordine dei «semi» sulla base delle iniziali (come = cuori,    quando = quadri,    fuori = fiori,    piove = picche).    v. 11 *al riparo dall'esistere*: con la precisazione che segue (v. 13), sta a indicare che l'interno in cui si segregano i giocatori circoscrive un tempo posto fuori dell'ordine temporale della natura. Anzi la passione per il gioco cancella i ritmi consuetudinari della vita provinciale, cadenzati sulle stagioni (vv.

13-15). v. 16 *Sul torrente del seme*: vale «sull'onda della passione delle carte», ma con lampante sottinteso erotico. La segregazione fuori del tempo ordinario e della natura si traduce in deriva dei sensi: fuoriuscita in un mondo incognito (v. 19) ma di smagliante materialità e densa fisicità (v. 18). Si noti qui l'accenno *ad altri imbarchi* e ad *altri guadi*: l'apertura a una dimensione posta oltre la ripetizione del tempo ordinario, intravista nel gioco, apparenta i protagonisti della lirica («romanzeschi» ma visti, si direbbe, tra Ariosto e Baudelaire) alla situazione del poeta (cfr. *Il grande amico, Nella neve*), fornendo la base all'esplicita similitudine del v. 19.     vv. 20-25: la fuga dal reale come abbandono a un universo fisico-sensuale si presenta quale ipotesi di alternativa alla ripetizione. In tale contesto il *frastornante chicchirichì* (v. 22) sembra rappresentare un segnale di tipo opposto a quello delle *campane*: richiamo erotico che insieme accende e confonde l'io, recando un attimo di pienezza vitale (*fuoco risorgivo*, v. 24; con allusione al mito della fenice). Ma l'ipotesi non costituisce una reale alternativa: la clausura dei giocatori è una forma di auto-seppellimento (v. 26), un consegnarsi alla morte. La fuga insomma non conduce in un'altra dimensione e non è che un momentaneo ottundimento; complementare, in fondo, alla non-esistenza.     vv. 30 sgg.: l'immagine è di sconfitta, di resa alla morte. Caduta l'illusione, gli eroi si rivelano proliferazioni notturne, rifiuti della società. Nella loro passione essi hanno sprecato l'esistenza: la morte è già alle porte. E di fronte all'equazione rifiuti-vita la definitiva negazione dell'alternativa (cfr. *Le Jeu* di C. Baudelaire) è affidata alla *voce di vento* (cfr. *Inferno*, XIII, v. 92). L'interno è corruzione, essa ribadisce (*negando assevera*): si noti che l'espulsione finale coinvolge insieme ai giocatori lo stesso poeta, come per una chiamata a correo.

SOPRA UN'IMMAGINE SEPOLCRALE                                    *p. 138*

*Titolo*: riprende quello dei Canti XXX e XXXI di Leopardi (cfr. anche R. M. Rilke, *Elegie di Duino*, I).     v. 1 *balordo*: vago e indeciso, ma anche sbalordito: anticipa lo *stupefatto* del v. 9.     v. 6 *così poca strada*: espressione colloquiale, di attenuazione del patetico, come il *balordo* del v. 1; e insieme allusione al tema dell'incontro. Da *Riferimenti a Luino...*, («La Rotonda», cit., p. 115) si apprende che la lirica si riferisce a una visita del poeta nel cimitero di Luino: Sereni vi «ravvisò la tomba di

M. B., suo coetaneo, morto assai giovane» e sepolto «nello spazio generalmente riservato ai bambini». v. 7: citazione dalla prosa intitolata *Il sonno* del *Codice Atlantico* di Leonardo. Il passo prosegue: «Il sonno ha similitudine colla morte; o perché non fai adunque tal opra che dopo la morte tu abbia similitudine di perfetto vivo (...)?» (cfr. F. Petrarca, *R.V.F.*, CCXXVI).

A UN COMPAGNO D'INFANZIA                                     *p. 139*

I. v. 1 *Non resta*: quasi postilla alla trilogia luinese di *Ancora sulla strada di Creva, Intervista a un suicida, Il piatto piange*, la lirica ne riprende i motivi di fondo, riallacciandosi esplicitamente ad *Ancora sulla strada di Zenna*, di cui è come una versione colloquiale. v. 6 *la bellezza*: si noti l'equazione che affiora nel dialogo: *bellezza-chiacchiere-religione della morte*. In presenza del paesaggio di *Frontiera*, viene liquidata qualsiasi velleità d'idillio o di rievocazione nostalgica: si tratta ormai di un congedo definitivo. E si presti attenzione al *leit-motiv* del *vento*: quello *tenebroso* del v. 8 è spiegato ai vv. 15-16: è il vento di *Strada di Zenna* (vv. 22-23), gemito dei morti. A esso viene a contrapporsi l'*altro vento* (v. 17) portato dalle autostrade (cfr. *Ancora sulla strada di Zenna*, vv. 10, 29), nuovo e senza più memoria del passato. vv. 9-10 *gli anni che passano / tali e quali*: cfr. *Ancora sulla strada di Zenna*, vv. 14 sgg. v. 12 *imperterriti*: insensibili al mutamento, dal suono sempre uguale. v. 18 *nomi estatici*: reali ma — come quelli di cui parla Proust nella terza parte di *Du côté de chez Swann* — trasfigurati dalla fantasia e dalla memoria: «carichi della propria storia e di quella di colui che li pronuncia» (Mengaldo). Per Voldomino cfr. *Viaggio all'alba* (nella prima parte degli *Strumenti*, poesia non compresa in quest'antologia). vv. 20-22: una volta avvenuto lo sradicamento, superata la stasi che pietrifica la memoria nella ripetizione, i nomi dei luoghi s'illuminano: ora investiti della luce di una memoria rinnovata, sono ritrovati e riscoperti assumendo nuovi significati. Non si tratta quindi di rinnegare il paesaggio d'appartenenza ma di rivisitarlo alla luce di un orizzonte più ampio. v. 24 *la frustata in dirittura*: espressione del gergo giornalistico sportivo che indica lo sprint del ciclista in prossimità del traguardo (cfr. *La poesia è una passione?*, lirica della penultima sezione degli *Strumenti*, non compresa in questa antologia). È il gesto contrario all'*aggiramento* del paesaggio tentato all'inizio (v. 3), infruttuoso in quanto i due interlocutori appartengono ormai a mondi troppo diversi.

Moto che d'un tratto libera dallo stallo esistenziale, dalla ripetizione sentita come vizio (v. 26).        v. 27: cfr. IST 80: «Almeno questo ci ha insegnato il tempo che stiamo vivendo: che la bellezza, posto che esista e abbia un senso il suo nome, non sta di casa in nessuna parte specifica (...), non è individuabile né localizzabile, salvo rintracciarla nella forza di coesione che a volte lega ingredienti di per sé insignificanti disseminati un po' dovunque». Il *bello* non è un dato, insomma: bensì una *relazione*.        v. 30 *i libertini*: richiamo ai giocatori de *Il piatto piange*.        v. 31 *lavorando*: la precisazione è cruciale (cfr. *Un sogno*, v. 17). Con il richiamo alla dimensione dell'apprendimento, il passo chiarisce un punto centrale per la comprensione degli *Strumenti umani*: il libro, proprio nel suo proporsi come iter di una riconquista della poesia, muove un appello alla fuoriuscita dall'estetica; o meglio, a una estetica che riconcilia il soggetto e lo acquieta in nome del bello, oppone un'estetica che concepisce invece l'arte come ricerca e conoscenza; e il *lavoro* è perciò anche quello dell'artista.

II. v. 1: cfr. *Ancora sulla strada di Zenna*.        v. 2: il congedo dal paesaggio natale precede immediatamente il superamento della *frontiera*: cfr. la lirica che segue, *Amsterdam*, parte del trittico intitolato *Dall'Olanda*.        v. 7: implica permanenza nella memoria.        v. 8 *ponte*: cfr. *Un sogno*, a cui rimanda anche il *figuro* del v. 9.        v. 10 *querulo*: fastidioso, insistente.        v. 11 *via libera*: si ricordi che *Un sogno* apriva con una visione la serie degli incontri-apparizioni dell'ultima parte degli *Strumenti*; e che quella poesia concludeva su una *rissa* (v. 21). A quest'altezza del libro, l'io ha regolato i suoi conti con il passato e ne ha tratto un insegnamento. Ha quindi il lasciapassare per il presente: le visioni possono finire (ma l'ultima sarà quella del padre, ne *Il muro*), e la colluttazione, senza fine in quanto inerente alla poesia stessa, è ormai accettata in chiave positiva (*salutarmente*, v. 14).

DALL'OLANDA (AMSTERDAM)                                          *p. 141*

*Titolo*: v. *Ann compagno d'infanzia*, II, nota al v. 2.        v. 6 *già vista*: in fotografia.        v. 7 *Casa di Anna Frank*: A.F., giovane ebrea di famiglia tedesca rifugiata ad Amsterdam, negli anni dell'occupazione nazista visse nascosta in una stanza murata; scoperta, fu deportata a Bergen-Belsen, dove si spense. Il suo diario di segregazione (1942-1944) fu pubblicato nel 1946. In questa lirica si noti l'introduzione dei primi sette versi, con la precisazione iniziale (*fu il caso*) e la seguente notazione temporale, in quanto l'io vi è descritto mentre improvvisamente scopre una realtà già nota: immessa entro un paesaggio familiare, senza essere meta forzata o monumentalizzata, la casa si rivela e si moltiplica investendo la città intera delle potenzialità di futuro recise dalla storia. (Cfr. *Ritorno dalla notte*, LP 85).

NEL VERO ANNO ZERO                                              *p. 143*

v. 2 *Case dei Sassoni*: in tedesco *Sachsenhausen*: «è il nome di un quartiere di Francoforte sul Meno; ma anche di una località a una ventina di chilometri da Berlino nella quale, già nel '33, fu allestito il primo campo di concentramento nazista» [*N.d.A.*].       v. 4 *ginocchio di porco*: si tratta evidentemente di una specialità culinaria del luogo, ma la cruda notazione non può non evocare il massacro nazista. Cfr. *La nemesi* (ID 132).       v. 10: allusione ai prigionieri dei campi di concentramento. *gabbano* sta per casacca ovvero l'uniforme di questi ultimi.       v. 13 *Stalingrado*: il 31 gennaio 1943 i novantamila tedeschi sopravvissuti alla battaglia contro i russi furono fatti prigionieri: è a questi che qui si allude.       v. 16 *aquilonari*: lett. settentrionali; freddi, di gelo, ma con implicazioni di tempesta.       v. 18 *le nuove belve*: coloro che, dimentichi del passato o di esso inconsapevoli, proprio per questo sono disumani, simili agli *squali* dell'omonima poesia. Cfr. IST 68: «Le nuove belve intraviste qualche anno prima a un chiaro di luna riflesso sul pavimento specchiante all'ingresso del night. Non discendevano per niente da quelli delle svastiche, e caso mai erano disposti a schernirci decorandoci con quelle. Altra ingordigia. Altra ferocia. La ferocia, avevo pensato, che consiste nel mangiare, di noi, cuore e memoria».

IL MURO                                                        *p. 144*

v. 3 *dei morti*: del cimitero.       v. 4 *ombra*: si noti come, in corrispondenza di un ricordo di gioventù, subito di questa giunga il «segnale» (cfr. *Ancora sulla strada di Creva*, v. 34, v. nota).       v. 7 *Certo…*: il pensiero della morte, in accordo con lo scenario di quest'ultimo ritorno, affiora qui una prima volta, per essere contraddetto dal movimento vitale dello spettacolo sportivo (cfr. *Domenica sportiva*).       v. 8 *in notturna*: espressione del gergo sportivo che indica le partite giocate di notte.       vv. 9-10: la partita è tra due squadre giovanili (l'una di

243

Porto Valtravaglia, l'altra delle Officine Verbanesi) e le formazioni ridotte (sei giocatori invece che undici per parte) indicano che si tratta di un torneo minore. Per *nuova gioventù* cfr. *Il male d'Africa*, vv. 20-21; ma qui l'aggettivo ricollega la vista dei giocatori al ricordo emerso ai vv. 4-6.　　v. 11: al movimento vitale dei giovani giocatori e all'implicito corto circuito morte-vita, in cui si riassume il ciclo naturale, segue il movimento delle piante, con puntuale richiamo a *Strada di Zenna*: l'*animazione delle foglie* (v. 12) qui infatti varia *il gemito che va tra le foglie* (v. 33) della composizione di *Frontiera*. L'io viene distratto dallo spettacolo a cui sta assistendo da un colpo di vento che fa stormire le piante, annunciando un temporale; e a questo punto subentra il ricordo del padre.　　vv. 14-15: la polvere alzata dal vento e i rami sbattuti sono sentiti come un manifestarsi dei defunti: come se questi, risentiti, volessero una rivincita sui vivi che li ignorano stando a due passi da loro, divisi da un solo muro. All'avvento della bufera corrisponde quindi un soprassalto memoriale: il ciclo vita-morte si traduce in una collisione tra opposte istanze — quella che nella ripetizione tende ad acquietarsi, e quella che in essa avverte una sottrazione di futuro e la rimozione di zone dolorose alla coscienza. Per via di questo contrasto *si fa strada* (l'espressione indica in Sereni la lenta, conflittuale epifanìa di elementi rimossi: cfr. *Appuntamento a ora insolita*) la memoria come trauma, l'unica che abbia una funzione positiva, maieutica, negli *Strumenti*; e con essa il ricordo del padre, ultimo e più doloroso incontro del libro.　　v. 19 *soprassalto*: cfr. G. Pascoli, *Il ritratto*, III, v. 33, (in *Canti di Castelvecchio*).　　v. 21 *cerchiano*: circondano (cfr. *Una visita in fabbrica*, II, v. 1 e *Purgatorio*, xiv, v. 1); difendono ma anche isolano, tengono lontano. Per *gelo* cfr. C. Baudelaire, *La Servante au Grand Coeur* (i morti qui «sentent s'égoutter les neiges de l'hiver», v. 12; e andamento dialogico è anche al v. 21: «Que pourrais-je répondre à cette âme pieuse»).　　vv. 22-23 *se*: vale «quando»; si noti che la *carità* delle *cose* qui illustrata è una forma sterile di memoria, che anzi equivale a dimenticanza: s'incaricherà il padre di smascherarla, con gesto demistificante che riproduce quello della *nonna* in *Ancora sulla strada di Creva*.　　v. 26 *si sfaldano trasognandoci*: si disfanno facendoci trasalire.　　v. 27 *mensola*: ripiano fissato alla parete (quasi altarino borghese).　　v. 28: l'indirizzo della casa paterna di Sereni, in cui il poeta visse nei primi anni del dopoguerra, dal rientro in patria: cfr. *Via Scarlatti*.　　v. 29 *carità pelosa*: definisce quella appena illustrata, cfr. v. 19. È di chi finge amore disinteressato ma è invece egoista.　　v. 30 *prossimo ghiaccio*: la morte del figlio, che ripropone qui l'immagine del v. 21. L'espressione *come in gloria* echeggia la formula di riverenza che nella liturgia cattolica spetta ai defunti: ma dato il contesto assolutamente laico qui conferisce sacralità etica al messaggio paterno. v. 31 *rasserenandosi*: per il verbo (che contiene il cognome paterno) cfr. F. Petrarca, *R.V.F.*, CXLIV. v. 33: lo sguardo (v. 32) torna sul reale, dove la partita continua: la gioventù non si arrende al temporale. v. 35: la lezione del padre al figlio propone «come supremo valore-dovere la identità delle cose a se stesse, la ripetizione ch'egli altrimenti avvertirebbe come ripugnante o tetra» (Fortini). Questa verità è detta con una metafora che colpisce un mito proprio del poeta, quello dell'estate; in cui qui sarà da cogliere riflesso quello della gioventù. L'acquisizione della finitezza del reale e della ripetizione come possibile riconoscimento che aumenta (v. 34) e non cancella il senso dell'esistenza è in linea con la comprensione della bellezza di *A un compagno d'infanzia*, e segna un passo ulteriore del percorso conclusivo degli *Strumenti*. v. 37: cfr. *Negli anni di Luino* (ID 133): «Regolarmente ogni sera poco dopo le undici, specie nella bella stagione, un canto percorreva la via principale del paese già addormentato, ad eccezione forse di me che non prendevo sonno prima che il canto fosse passato (...). Il canto — era piuttosto un inno impetuoso — culminava sotto le mie finestre colmando di un'ebbrezza fugace la mia attesa, presto mutata in apprensione di sentirlo finire all'altezza del Ronchetto e del passaggio a livello, dove infine, addolcendosi via via nella distanza, si spegneva abbandonandomi al sonno». Il passo ora citato spiega l'origine autobiografica del *canto*, in chiave proustiana e con richiamo a Leopardi, *La sera del dì di festa*, vv. 43-46. Qui importa però che esso — al di là della descrizione delle sue origini — sia dato in un presente colmo di senso, rifondato, che ha vinto l'angoscia (v. 31).

PANTOMIMA TERRESTRE                                          *p. 146*

*Titolo*: la pantomima è una «rappresentazione teatrale in cui l'azione è espressa da movimenti del corpo (...), lo scopo è quello di imitare con i gesti azioni reali di vario genere» (*G.D.L.I.*). Qui la «rappresentazione» è su due piani: quello dei due personaggi in colloquio (traduzione, come in altre liriche, del dialogo che l'io svolge dentro di sé, mettendo in scena istanze diverse e antagonistiche della sfera psichica) e quello del quadro delineato nell'ultimo movimento del testo (vv. 37-44), mimesi che prefigura un ricominciamento ciclico che possa dotare di senso il non-senso del presente. In questo quadro l'agg. *terrestre* può riferirsi tanto alla cornice naturale in cui ha luogo il colloquio, con riferimento al mito del «paradiso terrestre» (cfr. il *giardino* dei vv. 21 sgg.), quanto, in contrapposizione a un oltre non terrestre, alla sede del ricominciamento (il *paese nuovo* del v. 43). L'epigrafe è tratta dal n. 91 dei *Feuillets d'Hypnos* di Char, tradotto dallo stesso Sereni: «Si vaga in prossimità di orli cui i pozzi sono stati tolti via»; dove *pozzi* preannuncia l'immagine-chiave del v. 31.    v. 1 *cip*: onomatopea stereotipa per il cinguettio degli uccelli, ma anche espressione dei giocatori di poker che designa la puntata minima per l'apertura (cfr. *Il piatto piange*).    v. 4 *per il mio verso*: assecondando una naturale tendenza dell'io, quella cioè che lo porterebbe a conciliarsi nella contemplazione della *vita*; ma è proprio la *captatio benevolentiae* dell'interlocutore che rende all'io più acuto il sentimento dell'inadeguatezza dell'esistenza, innescando una reazione negativa che culminerà ai vv. 34-36, dove *vita* riappare entro una visione allucinata, deflagrazione dell'esistente che apre al ricominciamento entro un diverso ciclo.    v. 5 *inezia della mente*: fantasticheria, vaneggiamento (latinismo); con implicito riferimento alla poesia.    vv. 7-9: l'immagine posta tra parentesi illustra l'*inezia* che attraversa la mente dell'io, senza esser detta però all'interlocutore. Si tratta di una scena in cui affiorano richiami ai versi di *Frontiera* (portici e luce lunare sono per es. in *Soldati a Urbino* e in *Diana*) e viene evocato un quadro idillico (*delizia* ricorda *Paradiso*, XXXI, v. 138) di festa o simposio che sarà ripreso ai vv. 29-30.    vv. 10-13: la risposta è sarcastica. L'io non può aderire alla richiesta di conciliazione: come *controprove* (v. 11) della positività dell'esistenza offre, ironicamente, il proprio stato d'*insofferenza* (v. 13), in altre parole di non-conciliazione.    v. 13 *di gente in gente*: cfr. *Inferno*, VII, v. 80, e U. Foscolo, *Un dì, s'io non andrò...*, v. 2.    vv. 14-15: *brezze* e / *balsami*, ricollegandosi all'*inezia* prima illustrata, alludono a momenti di pacificazione che pure si danno nell'esistenza.    vv. 16-18: l'interlocutore non intende l'ironia della risposta. Ne segue un crescente distacco dell'io: il dialogo è ormai a distanza, fra ombre. L'ascensione dei vv. 17-20 adombra la conquista di un sapere religioso (cfr. T. S. Eliot, *Ash-Wednesday*, III) o di una *fede* (v. 19) che viene rifiutata: si veda l'accenno polemico alla *scala del giudizio / e del valore* dei vv. 26-27.    v. 20 *faccia...disfatta*: cfr. M. Luzi, *Tra notte e giorno* (in *Nel magma*), vv. 36-37.    v. 21 *parole d'autore*: quelle del corsivo che segue ai vv. 22-23, tratte dal romanzo di Malcom Lowry *Under the Volcano*, noto a Sereni nella versione italiana (*Sotto il vulcano*, Milano 1961). Si tratta di una scritta che ricorre due volte nella narrazione; trad. it.: «Le piace questo giardino, ora che è suo? Cerchiamo che non lo distruggano i suoi figli» (p. 163, ed. cit.). La frase, tanto nel testo di Lowry che qui, ha evidente sapore ironico: nel romanzo perché si legge dopo la catastrofe finale, nella lirica perché l'interlocutore non avverte la corruzione del presente, dichiarata al v. 25, dove *con queste stesse mani* è un richiamo a una complicità della poesia nella degradazione. Per il riferimento ai figli (*hijos*) cfr. *Quei bambini che giocano*, vv. 10-12.     v. 27 *discepoli*: compagni di quella qualsiasi fede a cui chi parla non crede.     v. 28 *vengano*…: il tono qui è il medesimo che in *Scoperta dell'odio*, cfr. vv. 8 sgg.     vv. 29-30: la scena ripropone, fortemente ironizzata, l'*inezia* dei vv. 7-9; si noti il ritorno di *delizia* e dell'agg. *fresco*. L'espressione che segue è un augurio d'intonazione aggressiva: che finalmente abbia fine l'inganno di chi spera una conciliazione entro il giardino corrotto, nella natura degradata.     vv. 31-33: in luogo del giardino c'è una forma luminosa instabile, soggetta a spegnersi e discontinua (una *pozza*: per cui cfr. il n. 173 dei *Fogli d'Ipnos* cit., p. 91), che prefigura e annuncia l'epifania dei versi seguenti. È l'indizio di una metamorfosi dell'esistenza che si fa luce all'interno della ripetizione forzata e della negatività, della vita avvertita come reclusione. Se qui *lavoro* rinvia a *A un compagno d'infanzia*, v. 31 (e implica anche l'*esercizio* della poesia: cfr. *I versi*), il *girotondo di prigionieri* richiama *Non sanno d'essere morti* e più in generale l'esperienza del negativo detta nel *Diario d'Algeria*: come testimonia l'espressione *prigionieri sulla parola* (v. 33) che appare in *Le sabbie dell'Algeria* (SLDA 72 e 74) e *L'anno quarantacinque* (ID 95).     v. 34 *bagliore*: forse suggerita dal finale di *Sotto il vulcano*, dove è descritta l'eruzione apocalittica che pone fine alla vita dell'isola, l'immagine implica accecamento e distruzione: i prigionieri sono destinati a vivere sino in fondo la negatività dell'esistenza, senza consolazioni, ma proprio calandosi nel negativo sperano e preparano la trasfigurazione del reale. Tale trasfigurazione, però, è come una fusione nucleare, la cui vista non è possibile sopportare (v. 36).     vv. 37-44: la parte conclusiva della lirica suggerisce che il moto ripetitivo e disordinato dell'esistenza, rappresentato dal traffico e dall'andirivieni delle auto e delle persone, nelle sue repliche ostinate di arrivi e partenze sempre provvisori, adombra (in forma di parodia) il rinnovamento portato dal *bagliore*. Raggiunta questa coscienza, lo sguardo dell'io torna sul reale, non riconciliato come chiedeva l'esordio, ma in grado di fronteggiare il persistente non-senso dell'esistenza (v. 44). Tutto il percorso della lirica, irto di ellissi e brulicante di *flash* psichici che frangono qualsiasi ordine narrativo, si brucia tra due sensazioni acustiche, il cinguettio degli uccelli e lo scroscio del temporale. Ma tale cornice naturale, che attiva il mito del *giardino*, è pur sempre inclusa nello sfondo urbano che caratterizza gli *Strumenti*, nel *qui* che apriva la raccolta e ora diviene lo scenario di un possibile ricominciamento.

LA SPIAGGIA *p. 149*

v. 2 *blaterava*: ripeteva fastidiosamente.     v. 3 *Non torneranno più*: la frase udita al telefono è caricata di significati secondi: dal piano del discorso quotidiano (in cui si riferisce alla partenza di amici alla fine delle vacanze o comunque da un soggiorno nel posto di villeggiatura) è trasferita a un livello metaforico, in cui il non-ritorno ha senso di morte. Niente però nel testo avverte dell'interpretazione, sin qui: c'è solo il fastidio recato all'io dal tono della voce che ostenta il proprio sapere.     v. 4 *Ma oggi*: l'indicazione avverte che l'io parla da un tempo posteriore rispetto a quello della telefonata, come *questo* nel verso seguente segnala il passaggio ad altro luogo, all'aperto.     v. 5 *mai prima visitato*: si tratta di un'escursione in una zona ignota, pur scoperta entro lo scenario delle vacanze; e si può ricordare che nei pressi di Lerici, non lontano dall'abitazione estiva di Sereni, è una spiaggia detta «dei morti» a cui allude, in *Stella variabile*, la poesia *Niccolò*, strettamente collegata alla presente.     v. 6 *toppe solari*: l'immagine richiama la *pozza di luce* di *Pantomima terrestre* (v. 31). Per *toppe* in accezione di «macchie» cfr. E. Montale, *Egloga*, v. 15 (in *Ossi di seppia*) e *Corrispondenze*, v. 12 (in *Le occasioni*); anche M. Luzi, *Lungo il fiume*, vv. 1-2 (in *Onore del vero*: «Chi esce vede segni inaspettati, / toppe di neve sopra i monti»). *Segnali*: riferito a *toppe* nel senso di messaggi, della specie di cui ha scritto Sereni a proposito di Morlotti: «... segnali di luce, ma di una luce tutta interna, anzi di una realtà prima ignota che s'illumina dall'interno di sé, mediante un proprio specifico linguaggio che l'artista ha percepito» (ID 140-141). Importante il richiamo alla capacità, propria dell'arte, di far parlare ciò che è apparentemente muto: un analogo impulso verso la conoscenza innerva questa lirica, in cui l'ermeneutica proposta da *Nella neve* in chiave negativa afferma il suo vittorioso compimento proprio riguardo all'ostacolo ultimo, la morte.      v. 8 *al tuo voltarti*: per il gesto cfr. E. Montale, *Forse un mattino...*, v. 2 (in *Ossi di seppia*): «...rivolgendomi, vedrò compirsi il miracolo». Il moto retrospettivo introduce al tema del ricordo o più propriamente dell'impotenza della memoria (cfr. *Il muro*), al quale accenna il passo che segue immediatamente (vv. 9-10: ... *quel che di giorno / in giorno va sprecato*). Il passaggio — come all'inizio — è ellittico, ma la lirica riassume in sé, con sintesi fulminea, il processo che struttura tutto il libro. Alla luce di questo va interpretato: così anche l'espressione *E zitti quelli* replica la renitenza del reale a sciogliere il proprio *enigma*, che segnava i ritorni della prima sezione.      v. 11 *inesistenza*: nel senso di occulta latenza, assenza che può divenire presenza entro un altro ordine. *movimento e luce*: in tutta l'opera di Sereni sinonimi di positività e apertura al futuro, in contrapposizione a stasi e oscurità.      v. 13 *forza*: cfr. *Ancora sulla strada di Creva*, vv. 28 e 44. *mare*: cfr. *Un posto di vacanza*, III, v. 29: «è tutto il possibile, è il mare».      v. 14 *parleranno*: «ultima parola» (Fortini) degli *Strumenti*, in questo messaggio si riassume la lezione del libro. Non si tratta di una chiusa volitiva o fiduciosa: i *morti*, intesi come zone di resistenza alla comunicazione, parti rimosse dell'io e in esso della storia, a questo punto della raccolta hanno già parlato: ha parlato la *nonna*, il *suicida*, il padre, il compagno d'infanzia. Il «viaggio» dell'io, quindi, si conclude lontano dal paesaggio dei ritorni, approdando a un orizzonte metafisico in cui l'itinerario individuale, diventando parabola, apre il varco a un tempo utopico, la cui attesa orienta l'intera raccolta e ne fonda la cadenzata struttura.


## 4. da *Stella variabile*


QUEI TUOI PENSIERI DI CALAMITÀ                                      *p. 153*

v. 2 *nella casa*: la lirica riprende il motivo di *Le sei del mattino*, l'interno come luogo di morte: qui però senza la violenza del sogno, e con invece il senso dell'imminenza e dell'attesa.      v. 7 *amici*: in senso avverbiale.      v. 10 *sorridono*: non tanto per compassione quanto per simulata cortesia, e non senza celata aggressività. Per questa poesia è utile il confronto con la prosa *Un qualcuno che è poi Luciana*, «Il contesto», I, n. 1, gennaio 1977.

*Titolo*: così s'intitola una popolare canzone anarchica di fine
Ottocento, di esuli espulsi dall'Italia (autore P. Gori). L'epigrafe è tratta da B. Cattafi, *Dalla fiamma*, in *L'aria secca del
fuoco* (1972).      v. 1: l'avvio perentorio esprime volontà di
rinnovamento; cfr. *Infatuazioni* (ID 147): «Disertato il paesaggio, monco io stesso della parte che dentro di me teneva riuniti
luogo e persona, se altri li nomina fingo di non aver udito (...)
Cancellando in me un viso cancello il paese che gli era congiun-
to per affinità inebbrianti».      v. 2: soggetto sottinteso del periodo è la *signora* del v. 12, figura femminile che riprende il
*sembiante* di *Appuntamento a ora insolita*.      v. 3 *in effigie*:
in immagine.      v. 4 *specchio*: cfr. *Algeria* v. 6; *Un ritorno*, v.
4; sta per il paesaggio inteso come riflesso della memoria e della
storia soggettiva.      v. 5 *la strada*: il poeta è in viaggio, come
in *Ancora sulla strada di Zenna*, al cui finale si ricollega l'avvio
di questa poesia.      v. 9 *pozzi*: di oblio (ma cfr. *Pantomima
terrestre*).      v. 10 *questo*: il rifiutarsi della gioia, della poesia.      v. 11: cfr. *Nella neve*. La nevicata è un momento di
cancellazione del reale.      v. 12: seconda replica (cfr. v. 5) alla
renitenza del reale ad aprirsi alla poesia: il *candore* (cfr. *Sopra
un'immagine sepolcrale*, v. 4; qui anche *selva*) della neve, in
quanto reca una pace mortale (v. 13), è segno di sparizione del
desiderio, sottrazione di futuro, e come tale rifiutato; ma anche
l'interno che offrirebbe un riparo confortevole (vv. 14-15) viene scartato, poiché le virtù lì esibite sono apparenti — false perché negate *altrove*, nel mondo esterno. Il testo sembra alludere,
polemicamente, a ideali ben coltivati nell'agio e nella separazione dal negativo, e ormai privi di vita (vv. 17-18). Si può scorgere qui un recupero dello spirito antiborghese che ispira la
canzone del titolo.      v. 19 *Sono...*: l'affermazione — quasi
una scelta volitiva, una professione di fede — segue in chiave
positiva ai due dinieghi: l'io opta per l'esterno, che con il turbinare della neve è luogo di mutamento e di apertura all'immaginazione (v. 20), avventura e rischio vitale. (Un accenno a nevi-
cate in chiave con questo passo in V.S., *Villadorna*, «Ceno-
bio», xx, 2, marzo-aprile 1971).      v. 22 *come me*: riferito ai
*laghi transitori*.      v. 24 *falso-fiorite*: per effetto del gelo. Cfr.
T. S. Eliot, *Four Quartets, Little Gidding*, vv. 1 sgg.      v. 27:
la notte di neve, con la sua tempesta, sembra fornire un'immagine della poesia, vista come capacità di trasfigurare il paesaggio: anche se in modo effimero, e magari illusorio. La scelta
dell'io però è ben consapevole del rischio, e proprio per tale

consapevolezza i versi propongono, nel finale, un'immagine o visione dal sapore epico, da sfida cavalleresca, con un implicito collegamento al momento erotico iniziale.　　v. 29 *Ne vanno*: fuori nella notte. Il poeta s'immagina per compagni di viaggio e d'avventura dei personaggi visti in una pittura. In una lettera a Parronchi che il poeta fiorentino ha riportato in *Expertise per Vittorio* (Milano 1986), Sereni ha fornito qualche indicazione riguardo al quadro qui citato (da Parronchi identificato in *I giuocatori di tric-trac* di anonimo del sec. XVII): si trattava di un'immagine «con grandi feltri e pennacchi, tenebrosa, con un senso di pioggia e di vento, di notte fonda o di ora immediatamente antelucana — cavalieri o nobiluomini che rincasano o muovono a qualche impresa».　　v. 32 *altrui reminiscenze*: le ipotesi degli amici consultati per l'identificazione della pittura.


INTERNO　　　　　　　　　　　　　　　　　　　　　　　*p. 156*

v. 1 *le botte*: ripresa della *rissa* di *Un sogno*, lotta senza mediazioni e senza esito; qui l'invocazione è in tono di supplica, e la locuzione infantile, come di chi voglia por fine a uno scontro inutile, senza senso.　　v. 5 *battagliano*: si danno battaglia.　　v. 9 *deriva*: in chiave con le *ondate* del v. 7 è termine marino, di moto (come sempre attribuito all'esterno) ingovernabile, corrente che rapisce via.　　vv. 11 sgg.: cfr. *Strada di Creva*, II.　　v. 14 *si rinfocola*: si ravviva.　　v. 16 *grido dei pianori*: il vento.　　vv. 17-18 *vello … velluto*: entrambi i termini alludono allo sprofondare del giorno nella notte, come abbandono all'oblio e alla prossima morte (*sonno*, v. 18). *false distanze* si riferisce presumibilmente ai ricordi.


CRESCITA　　　　　　　　　　　　　　　　　　　　　　*p. 157*

v. 3: varia il titolo di una poesia di T. S. Eliot, *La figlia che piange* (in italiano nell'originale), tradotta nel 1933 da Montale. Si riferisce alla seconda nata del poeta (Silvia).


DI TAGLIO E CUCITO　　　　　　　　　　　　　　　　　*p. 158*

v. 3 *piccola*: la figlia minore, Giovanna.　　v. 4 *di testa forte*: allude insieme alla taglia del giocattolo e alla resistenza della stoffa: che lo fa assomigliare alla madre della piccola (è *in fa-*

*miglia con te*, v. 6).    v. 9 *cipiglio*: l'espressione intenta di chi, per veder meglio, stringe le ciglia cucendo.    v. 10 *pure*: nonostante tutto; da legare a *sulla mia vita* del verso successivo.    v. 13 *sbrego*: strappo, squarcio (voce settentrionale).    v. 16 *rammendatrice*: richiama il titolo di una nota poesia di Pascoli, *La cucitrice*.

SARÀ LA NOIA                                                          *p. 159*

v. 3 *Laura*: la nipote del poeta (figlia di Maria Teresa).    v. 11 *in punta di lagrime*: sul punto di piangere.    v. 15 *vedo*: nell'immaginazione. La scena di una piccola violenza domestica si trasforma nella mente del poeta in una visione apocalittica, allegoria dell'eccidio nazista.

GIOVANNA E I BEATLES                                                 *p. 160*

*Titolo:* Giovanna è l'ultima nata delle tre figlie di Sereni (cfr. *Di taglio e cucito*).    v. 3 *ridà fiato*: fa suonare ancora sul grammofono un disco dei Beatles (*quei redivivi*), celebre quartetto pop scioltosi nel 1970. Il nome del gruppo, ricalcato per assonanza su «beetles», veniva usualmente tradotto in italiano con «Scarafaggi» (v. 8).    v. 7 *sfrigolìo*: il rumore del disco, ormai vecchio e usurato dal frequente ascolto, sul grammofono.    v. 10 *incroci... scambi della vita*: fasi di passaggio da un'età all'altra, ed emergenze nella memoria di momenti dell'esistenza. La musica garantisce una durata nel tempo a un attimo o a un intero periodo della vita, che riaffiora nel ricordo: qui, l'adolescenza della figlia, identificata con gli anni dell'«era pop» (v. 9).    vv. 12 sgg.: il ricordo s'infiltra nell'esistenza come un elemento imprevisto, rivitalizzando il paesaggio e caricandolo nuovamente di futuro. Cfr. IST 79: «un episodio annunciante una fase che rinnovi rinfreschi la vita, sempre [ha] bisogno per durare e non divenire melenso, che un motivo di musica lo accompagni e lo porti»; e *Dovuto a Montale*, ID 161: «un motivo musicale serpeggiante in una qualunque ora del giorno accelera il flusso del sangue, cambia il ritmo dell'esistenza, apre porte e finestre, mette in moto l'immaginazione».    v. 17 *altre musiche*: allude alla fine della giovinezza, con espressione colloquiale ma non priva di echi retrospettivi; cfr. *Non sa più nulla*, vv. 9 sgg.

v. 3 _schizzato fuori_: come per un'improvvisa apparizione. Cfr. _Ancora sulla strada di Creva_.    v. 5 _farfugliando_: pronunciando confusamente.    v. 9 _parete d'argilla_: varia il «muro della terra» di _Inferno_, x, v. 2.    vv. 10-11: _la trafila / dei morti_: allude alla successione delle generazioni scomparse. _Trafila_ è anche in _Ancora sulla strada di Zenna_, v. 14, con analoghe connotazioni, in senso tecnico invece in _Una visita in fabbrica_, II, v. 101. _una mano_: la visione prodotta dal sussulto memoriale è come una richiesta di carità da parte dei defunti, ma anche un gesto che attira dall'altra parte della _parete_. Il ritorno può leggersi qui in serie con quelli degli _Strumenti_; senza però la forza catartica e la qualità conoscitiva che in quel libro erano conferite ad apparizioni e incontri.

_Titolo_: per il luogo a cui si riferisce il titolo del pometto cfr. _Gli amici_, v. 14 (n.). Interessante in proposito un passaggio di V.S., _Tra vacanza e lavoro_, in AA.VV., _Giancarlo De Carlo_, Milano 1964: «... un posto di vacanza, per quanto immobile per il resto dell'anno, bloccato in un suo destino di fissità, finisce coll'essere uno specchio di ben più larghe evoluzioni reali non meno di quanto l'immaginazione individuale s'illuda di specchiarvi una storia sua». Tra gli amici che frequentavano Bocca di Magra nel dopoguerra vanno ricordati, oltre a De Carlo e Vittorini, Fortini e Einaudi.    vv. 1-8: Nel breve preludio d'apertura, come si conviene a un poema che obbedisce a un'istanza di tipo narrativo, viene stabilito il tempo dell'azione. Questa si svolge, ha precisato Sereni, «tra limiti temporali rintracciabili nei versi: tra la suggestione derivante da un episodio del rosselliniano _Paisà_, ancora attiva intorno al '50 e oltre [sez. I, _N.d.C._], e l'innocua fucileria, premonitrice di non tanto immaginarie guerriglie urbane, che imperversò per un mese e poco più per poi ammutolire quasi di colpo: quella del cosiddetto clic-clac, aggeggio acustico produttore di raffiche petulanti ad opera di ragazzi e ragazze durante l'estate del '71 [sez. V, _N.d.C._]» [_Nota_ a V.S., _Un posto di vacanza_, Milano 1973]. Ma il lettore tenga presente che a questo tempo propriamente storico si sovrappone quello della scrittura: infatti nei versi che seguono l'io è ritratto mentre tenta di rappresentare, attraverso lo specchio a lui fornito dal luogo delle vacanze estive, il mutamento e la permanenza del reale, che nel continuo confronto di memoria e immaginazione costituisce l'oggetto della perenne indagine del poeta. Questa doppia prospettiva (storico-soggettiva) è di fondamentale importanza: in essa si esplicita quanto negli *Strumenti*, sotto il profilo compositivo, veniva sottinteso, ora ponendo apertamente in parallelo indagine conoscitiva e farsi della poesia. Il progresso dei due piani, nella raccolta del 1965, era affidato a un andamento diaristico, legato alla parabola di un apprendimento per tappe; qui se ne ha invece l'assunzione entro un orizzonte insieme narrativo e «metapoetico», intendendo per quest'ultimo il livello di discorso in cui la riflessione sulla poesia si sviluppa all'interno della poesia stessa.

I. v. 1 *a più livelli*: indica compresenza di passato e presente.    v. 3 *prima*: in un tempo che precede i cicli naturali (l'«essere» non appartenendo al mondo dell'esistenza quotidiana, alla ripetizione che è propria invece dell'«esistere»).    v. 4 *la chiave*: il senso. Cfr. E. Montale, *Elegia di Pico Farnese*, v. 58 (in *Le occasioni*).    v. 5 *spoglie*: resti, memorie.    v. 8 *cosa*...: il sole.    v. 9 *invoglia*: invita. Il richiamo alla *pagina bianca* definisce l'io per scrittore.    v. 10 *qui*...: a Bocca di Magra.    v. 12 *spifferi*: messaggi e stimoli (per la scrittura); detto con una venatura ironica. *altra riva*: cfr. *Inferno*, III, v. 86 e F. Petrarca, *R.V.F.*, CCIV, vv. 5-8; anche G. D'Annunzio, *Bocca di Serchio* (in *Alcyone*), v. 224; luogo di «appello a novità e vitalità» (Fortini), rispetto al quale l'io si sente a un tempo estraneo e curioso.    vv. 12-13: il passo in corsivo riporta un epigramma a Sereni di Franco Fortini (del 1954; raccolto in F.F., *L'ospite ingrato*, cit., p. 16) che utilizza un inserto da *Italiano in Grecia* (cfr. *esile mito*). Ha inoltre precisato Sereni che il «fustigatore della prima parte» del poemetto e l'«interlocutore» della VI (v. 27) sono la medesima persona (appunto Fortini), assunta a figura interiorizzata di un diverso rapporto tra scrittura e reale.    v. 15 *A mani vuote*: in quanto l'io è incapace di rispondere.    v. 16 *il traghettatore:* prima che la sponda toscana e quella ligure fossero unite da un ponte, sul Magra veniva effettuato un servizio di traghetto. Cfr. E. Montale, *Un ritorno*, vv. 5-6: da notare che il testo di Montale, oltre a essere ambientato a Bocca di Magra, è oggetto di commento da parte di Sereni in AA.VV., *Letture montaliane*, Genova 1977, pp. 189-194. Il traghettatore anticipa II, v. 36, con allusione al personaggio di Caronte.    v. 17 *l'amico*: non è tanto da mettersi in relazione con l'*altra riva* quanto con chi — Vittorini — per primo aveva suggerito al poeta di andare a B.d.M. in villeggiatura.    v. 18: forse con ricordo di T. S. Eliot, *Four*

*Quartets*, III, vv. 1-4.    v. 19 *questo*: detto con enfasi, in evidente opposizione alla *pagina bianca*. *Opulento*: lento e sontuoso nel suo corso; ma anche portatore di ricchezza.    vv. 23-24: l'atto di legare *nome* e *cosa* è il fine della scrittura: in senso generale, nel tentativo di fare della poesia uno strumento di conoscenza che coglie l'«essere», non l'«esistere», e in particolare con riferimento al poemetto.    vv. 25-26: cfr. *Tra vacanza e lavoro*, cit., p. 6: «Si era nel '51 e il posto — sarà stato per le impronte ancora fresche del passaggio della guerra in quella zona — perpetuava il '45: con quei balli sul fiume, dentro balere recintate da canne, e gente piroettante per lo più a piedi scalzi».    v. 28 *questa storia*: quella appena suggerita dal ricordo.    v. 29 sgg.: i discorsi dei villeggianti del dopoguerra sono riportati con distacco, e con un'ombra di fastidio per il tono intellettuale della discussione, avvertita come astratta anche perché l'io era reduce dalla prigionìa d'Africa (cfr. v. 55). Ma l'atteggiamento è, in sostanza, quello che emerge anche in *Appuntamento a ora insolita*: cfr. vv. 12-14.    v. 31 *retroattività*: l'espressione appartiene al linguaggio giuridico: «Se la legge può essere retroattiva solo *pro reo*, può la scoperta attuale di un errore (presumibilmente di valutazione storica o politica) far condannare una azione del passato?» (G. Gronda, *Un posto di vacanza «iuxta propria principia»*, in *Traduzione tradizione società*, cit., p. 192).    v. 35 *la Corea*: nel giugno del 1951 truppe nordcoreane invasero la Corea del Sud; ne seguì un conflitto in cui intervennero, in appoggio di quest'ultima, gli Stati Uniti e altre nazioni, mentre truppe cinesi combatterono dalla parte dei nordcoreani.    v. 37 *quel negro*: «è il malgascio Jean-Joseph Rabéarivelo. La poesia da cui sono tolte le parole che seguono s'intitola *La tua opera*» [*N.d.A.*].    vv. 38-40: si noti, nella citazione, l'accenno a una opposizione tra «canto» e «conoscenza», che introduce il tema poi ripreso nell'ultima sezione (VII, vv. 9 sgg.); e la parola *scribi*, per cui cfr. *Intervista a un suicida*, v. 61, che riapparirà nella sez. IV e definisce in senso riduttivo lo scrittore-poeta (non a caso qui apparentato agli *oratori*).    v. 46: la Linea Gotica è l'asse geografico su cui ripiegarono le truppe tedesche nel 1943 dopo l'occupazione di Cassino da parte degli Alleati. Tagliava la penisola da La Spezia a Rimini.    v. 50 *Forte*: Forte dei Marmi, in Versilia, a circa venti chilometri a sud di Bocca di Magra.    v. 53 *sul filo della corrente*: cfr. *Gli squali*, v. 1.    v. 54: reminiscenza di una scena di *Paisà*, il film di Rossellini citato da Sereni nella *Nota*, cit.    v. 55 *balordo*: stordito (dall'esperienza della prigionìa): cfr. AA.VV., *Sulla poesia*, cit., p. 51. L'agg. appare anche in *Sopra un'immagine sepol-*

*crale*, v. 1.      v. 57 *sull'onda della libertà*: nell'entusiasmo —
ormai spento, e considerato con amarezza per quanto gli seguì
— dei primi anni del dopoguerra.

II. vv. 1 sgg.: «La condizione temporale della seconda parte è
quella di un'estate che sta per finire» (Fortini).      v. 3 *s'imbucano*: si nascondono. Il rapporto tra l'io e i *due* richiama *Belgrado*, vv. 15-16.      v. 4: la condizione del poeta continua a
essere di separazione: il *male* non è solo esistenziale ma riferito
al sofferto rapporto con la scrittura.      v. 6 *sparo*: la terza domenica di agosto, tradizionalmente, si riapriva la caccia stan-
ziale.      vv. 11-12: ripresa di I, v. 27; ma si ricordi che sin dal-
l'inizio del poemetto la situazione del poeta viene data come negativa, intransitiva: come negli *Strumenti umani*, la poesia de-
v'essere raggiunta ogni volta a partire da uno stallo.      vv. 13
sgg.: paesaggio e poeta si scambiano le parti, essendo l'uno lo
specchio dell'altro, cfr. *Un ritorno*, il cui tema è riecheggiato al
v. 16.      v. 17 *le canne in sogno*: cfr. I, vv. 21 sgg.; ma qui le
canne, con intenzionale equivoco sulla doppia accezione (musicale e vegetale) del termine, suggeriscono un'ipotesi di alternativa al mutismo, che rimanda a una dimensione diversa, non
dominata dalla ripetizione: ne sono i segnali le *pulsazioni* del v.
19, analoghe ai *segni* di *Nella neve* (v. 4) e all'*altro* del *Grande
amico* (vv. 10 e 13). In sogno, però: cfr. *E ancora in sogno*.      v. 20 *prove*: dell'esistenza dell'altra dimensione, della
realtà di ciò che invece è solo sognato o immaginato.      v. 21
*Una*: sott. prova.      v. 22 *a ora tarda*: cfr. *Scoperta dell'odio*,
v. 8. *lo scherno*: la luna — tema ricorrente e usurato nella poesia — è una luce ma non una prova, e nella sua lontananza è
fuori portata, quasi irridente nei confronti delle attese del poeta.      v. 23 *tramestìo*: rumore confuso, protratto, prodotto da
movimenti occulti e disordinati.      v. 28 *segni convenuti*: nella dimensione schiusa all'immaginazione dalle canne, l'io ipo-
tizza che esista una vita parallela a quella reale, con un proprio
linguaggio o codice, che è compito del poeta decifrare (cfr. *La
spiaggia*, v. note). Le luci e i segni rimandano a quel codice: il
poeta però non è capace di tradurli e rimane separato dalla vita
che scorre oltre il reale, da cui potrebbero manifestarsi quelle
*nuove presenze* (v. 30) che — a livello di latenza — erano apparse nel finale degli *Strumenti* (*La spiaggia*, cfr.). Qui però
l'io non sblocca la situazione di stallo (vv. 31-35: si noti che il v.
31 suona amaramente retrospettivo nel richiamo a *Via Scarlatti*, v. 17) e il tentativo di muovere oltre il reale avrà successo solo nella sez. V. Per meglio intendere le allusioni alla dimensio-

ne «altra» si legga quanto in *Dovuto a Montale* (ID 165) Sereni ha scritto a proposito di Luino: «...il mio modo odierno di guardare a Luino vede o crede di vedere in trasparenza una storia nascosta, continua nel tempo, che vi si svolge: una rete di gesti e di sguardi, un sottinteso. Figure che si sfiorano appena muovendo nel paese e nella sua aria, in un battito di ciglia, in un sorriso si riconoscono abitatori di un paese segreto che gli sta dietro, sempre sul punto di sconfinare nella patria notturna variegata proteiforme dei sogni, dove si scompongono e ricompongono gli accadimenti diurni: e in esso si parlano e agiscono con una pienezza di cui i loro atti quotidiani non sono che un indizio».        v. 32 *controparola*: nel gergo militare è la risposta alla parola d'ordine per il riconoscimento.        v. 37 *acheronte*: l'Acheronte è il fiume che in *Inferno*, III, passano i dannati traghettati da Caronte. Secondo un etimo medievale è «il fiume senza tempo».        v. 41 *stormo*...: allusione alla «petite bande» delle «jeunes filles en fleur» di Proust (*À la Recherche du Temps Perdu*).        v. 42 *motivo*: in senso musicale.        v. 44 *moli*: costruzioni murarie che riparano la costa dalle onde e forniscono approdi alle imbarcazioni.        v. 46 *si rigira*: come in *A un compagno d'infanzia*, v. 26, il verbo indica la chiusura del reale nella ripetizione, negazione di futuro.        v. 48 *la sfida*: il mare aperto rappresenta l'alternativa allo stallo esistenziale; cfr. *La spiaggia*, v. 13.        v. 49 *natante*: imbarcazione a motore.        v. 52 *altura*: d'alto mare (espressione del linguaggio della nautica).        v. 54 *deliquio*: cfr. *Il piatto piange*, v. 23. Turbamento che offusca la coscienza; implica smemoramento e abbandono alla piena dei sensi.        v. 56 *sagra agostana*: fiera di paese, festa rumorosa come quelle che nei paesi si svolgono tradizionalmente intorno a Ferragosto.        v. 57 *rutilante*: scintillante.        v. 59 *invetriare*: lett. «rendere simile al vetro»; detto in riferimento alla trasparenza del ghiaccio, qui evocato dai *bagliori di freddo* (v. 58; cfr. *Inferno*, XXXIII, v. 128).        v. 60 *si rompe*: s'interrompe; il poeta lascia la pagina bianca, sopraffatto dall'invito del mare (v. 61).        v. 62 *naturale spavento*: non tanto nel senso di «ovvia paura», quanto di «momento di panico che precede l'abbandono alla natura».        v. 65 *zavorra*: altro termine nautico, qui impiegato nella corrente accezione metaforica di «peso», «ingombro».

III. *Epigrafe*: «I versi posti *in limine* a questa parte sono miei e appartengono a una poesia rimasta incompiuta parecchi anni fa. Questa si richiamava a sua volta a un'altra mia vecchia poesia, *Gli squali*» [*N.d.A.*].    v. 1 *I due*: il motivo della coppia richiama *Nel sonno*, VI, di cui questa sezione ripete l'andamento.    v. 4 *riverbero*: riflesso della luce solare (nel mare o nel fiume).    v. 5 *vertigine*: allude all'altezza dell'argine, ma è detto con enfasi per sottolineare il rapimento della figura femminile (*estatica*).    v. 6: le *colline* possono indicare i primi poggi, prospicienti il mare, delle Alpi Apuane, e le *rupi* le cime di quest'ultime; ma il paesaggio è immaginario, come risulta dai versi che seguono.    vv. 9-10: il brano tra virgolette è «una non del tutto indebita appropriazione da parte femminile delle parole con cui, secondo Matteo, il demonio aveva tentato Gesù» [*N.d.A.*]. Cfr. *Matteo*, 4, 7.    v. 11 *impari*: cfr. *Un ritorno*, v. 2 e nota.    v. 12 *una musica*: cfr. *Nel sonno*, VI, v. 18 e *Giovanna e i Beatles*, v. 12 sgg. (v. note).    vv. 13-14: «questa volta l'appropriazione è dell'autore, dalla novella di Nastagio degli Onesti nel *Decameron*» [*N.d.A.*]. Cfr. G. Boccaccio, *Decameron, Giornata V*, Novella VIII, 31.    v. 16 *un'ombra*: una visione — in quanto prodotto della *mente* — e una proiezione del desiderio — in quanto prodotto del *sangue*. Questa parte del poemetto sembra rivisitare il tema erotico giungendo a conclusioni analoghe a quelle di *Nel sonno*.    v. 18 *si dileguarono*: cfr. *Ancora sulla strada di Creva*, v. 45.    v. 19 *teatro*: nel senso di rappresentazione immaginaria (cfr. *Pantomima terrestre*), dramma interiore: con inflessione ironica per il ripetersi di scenari mentali analoghi. *guerra*: come testimoniano le liriche degli *Strumenti*, le visioni sono prodotte da conflitti psicologici (cfr. la *rissa* di *Un sogno*).    v. 22 *specchi multipli*: forse con ricordo di Betocchi, *Trascorra il vento sulle acque*, v. 2: «Trascorra il vento sulle acque: / multipli specchi rispondan echi» (in *Altre poesie*, 1939); il sost. (cfr. *Un ritorno*, v. 4; *Addio Lugano bella*, v. 4) allude al paesaggio come fonte di memoria e termine di confronto per l'io. L'agg. a sua volta implica lo sguardo retrospettivo del poeta e l'immaginazione che lo muove verso il futuro e oltre il reale.    v. 27 *risposta*: il dialogo fa parte del *teatro* interiore dell'io, ma qui il tono non è più ironico: gli scenari si ripetono ma il mutamento perenne di cui il mare è simbolo riporta alla *forza* di *La spiaggia*, v. 13.    v. 29 *sfavilla*: il verbo indica lo splendore e la saltuaria capacità di rinnovamento del mondo esterno; cfr. *Appuntamento a ora insolita*, v. 3; e *Paradiso*, I, v. 59: «sfavillar d'intorno».

IV.  v. 2 *ripe*: rive (cfr. *Inferno*, VII, v. 128), ma con il senso di riparo. *scriba*: il poeta; cfr. I, v. 40; detto in «atteggiamento di autoironia» (Fortini). In questa parte del poemetto il discorso passa alla terza persona: sin qui si aveva un monologo tutto interiore, nei versi che seguono la figura dell'io viene distanziata e storicizzata proprio in quanto poeta.     v. 3 *tautologico*: sterile e ripetitivo.     v. 4 *ostico*: difficile.     v. 6 *sfucinare*: neologismo ricalcato su «fucina», «fiocinare», magari in associazione con «sfociare»; riprende II, v. 53 e vale «filar via con il rombo dei motori in lontananza». *alto*: sott. mare.     v. 7 *rapsodico dattilico*: «aggettivi di eredità, appena schernita, licealdannunziana» (Fortini); per dire «con rumore che si perde progressivamente e si riode di tanto in tanto». *rapsodico* vale «incostante», *dattilico* da «dattilo», figura della metrica classica d'intonazione calante (essendo il piede composto da una sillaba lunga e da due successive brevi: – ∪∪).     v. 8 *perpetuandosi*: come in *Amsterdam, Altro posto di lavoro* e *Autostrada della Cisa* (cfr.) il verbo indica lo schiudersi della memoria che moltiplica le apparenze del reale e le investe di futuro (da leggersi perciò in chiave con gli *specchi multipli* di III, v. 22).     v. 9 *disegno*: il poema da scrivere per allacciare *nome* a *cosa* (cfr. I, v. 23), ovvero *il poema sul posto di vacanza* (II, v. 60); in senso più ampio, l'opera che trascende le esistenze individuali e la caducità del reale.     v. 10 *transitanti*: da riferirsi alla coppia della sezione precedente, ma in generale alle visioni dell'io, cioè ai personaggi del teatro interiore della poesia.     v. 11-15: il poeta insegue il suo *disegno*, ma questo si arresta sul *vuoto*: il luogo degli scomparsi e dell'assenza (il passo, estremamente sintetico, è da leggersi in sintonia con *La spiaggia* e *Niccolò*). Nel frattempo nell'ordine del reale avviene un mutamento: il mare (il *possibile*, III, v. 30) s'ingrossa (*crebbe*, v. 15; cfr. Marino, *Adone*, I, 120) muovendo la superficie.     v. 13 *sogguardante*: che sbircia, guarda di sottecchi.     v. 14 *farfugliante*: cfr. *Ogni volta che quasi*, v. 5. *animula*: piccola anima (lat.); con allusione all'omonima poesia di T. S. Eliot (1929, raccolta in *Ariel poems*, e tradotta da Montale) e a quella dell'imperatore Adriano che ne è la fonte. Il diminutivo è in chiave con la prospettiva distanziante e riduttiva qui adottata nei confronti dello *scriba*.     v. 15 *si smerigliò*: s'increspò, divenne opaco; sogg. lo specchio (il *cristallo*; con riferimento a III, v. 22, richiamato con *di poco prima*, v. 16). Cfr. E. Montale, *Marezzo*, v. 18: «…il cristallo dell'acque si smeriglia».     v. 17 *vetro in corsa*: di un'auto o di un'imbarcazione.     v. 18 *raggiò*: mandò un riflesso; verbo di probabile ascendenza dantesca. *sopravento*: termine nautico che indica il lato da cui spira il vento rispetto a un oggetto in mare. *enigma*: ripresa di II, vv. 21 sgg.; per il sost.

cfr. *Nella neve*, v. 9.     v. 20 *in un punto*: in un solo momento; cfr. E. Montale, *Quasi una fantasia*: «tutto il passato in un punto / dinanzi gli sarà comparso»; *Inferno*, XXII, v. 122.     vv. 22-23: nuova ripresa del tema di *La spiaggia* e anticipazione di *Niccolò*. *spopolate*: deserte.     vv. 24-25: allusione agli amori dell'*Orlando furioso* e all'*Odissea*. La precisazione che segue tende a chiarire il senso del *vuoto* del v. 12: non si tratta dell'assenza di una donna amata.     v. 26 *questo*: quello dello scriba; cfr. II, v. 4.     v. 29 *simulatore*: lo scriba si fa passare per un comune malato d'amore.     v. 30 *un colore*: si può notare qui un parallelo tra la situazione dello scriba e quella di Lily Briscoe nell'ultima parte di *To the Lighthouse* di V. Woolf: anch'essa tesa a cogliere la propria visione nutrita di memoria nel quadro dipinto dinanzi al mare.     v. 31: il disegno dello scriba è fatto di scrittura, di parole: cfr. I, v. 23.     vv. 32-33: ripresa del v. 12. *amaranto*: «rosso porporino cupo, vinato e quasi violaceo» (*G.D.L.I.*), caratteristico del fiore omonimo (cfr. A. Parronchi, *Amaranto*, in *Coraggio di vivere*). Nel contesto del poemetto, però, è meno rilevante il colore in sé, nella sua immediata valenza realistica (suggerita dal tramonto marino), del *nome* inteso quale metafora carica di associazioni simboliche, entro una serie di assonanze che comprende *mare, amare, amaro*. Sinteticamente, nel nome del colore è racchiusa tanto la nozione di perdita-assenza (i *morti* di *La spiaggia*) che quella di latenza-prossimità (la forza del *mare*): nel verso che segue (v. 34) la parafrasi in termini astronomici puntualizza il paradosso spazio-temporale per cui ciò che è da tempo scomparso può, con una improvvisa «epifania» (v. 35), irrompere nel presente.     v. 36 *ravvisato*: riconosciuto (cfr. *Purgatorio*, XXIII, v. 48); non nel senso, però, del semplice ricordo: l'atto del riconoscere va oltre la dimensione dell'«esistere», e implica anzi l'attuazione di quanto in esso viene scartato o rimosso.     vv. 37 sgg.: l'ultima parte di questa sezione si ricollega al tema dei vv. 15-23, l'inarrestabile scorrere del tempo e l'impotenza del poeta dinanzi a esso (*più nessuno verrà*, v. 23).     v. 41 *di radice amara*: poiché *amaranto* nella prima parte si compone di *amar*(o).     v. 42 *grama preda*: il *nome* è un risultato insufficiente per la ricerca del poeta. Se questo infatti non è solo uno *scriba*, il suo *disegno* deve superare il ristretto orizzonte soggettivo di una *animula*, e non arrestarsi a salvare dal fluire del tempo soltanto degli *attimi*.

V. v. 2 *trascorrente*: che per il soffio del vento cambia aspetto di momento in momento, come la superficie del mare. In riferimento ai pioppi cfr. G. Pascoli, *La mia sera*, v. 6.     v. 3 *pettinati*: dal vento.     v. 4 *altre*: sott. voci.     v. 5 *miraggi*: nel senso ottico, fenomeni per cui «un oggetto o un elemento del paesaggio posto in lontananza risulta appaiato alla sua immagine speculare (...) che appare ondeggiante su una superficie liquida» (*G.D.L.I.*), a causa del calore. Cfr., G. Piovene, *Stelle fredde*: «Lo sguardo andava lontano, sulla pianura (...) fino all'orizzonte traslucido su cui pareva disegnarsi il miraggio d'una città» (in *Opere narrative*, II, Milano 1976, p. 672).     v. 6 *smesso*: riposto, come si dice di un abito.     v. 7 *clic-clac*: cfr. I, *Nota* cit.     vv. 8-17: ripresa del tema della difficoltà dello scrivere, cfr. I, v. 9 e II, v. 16.     v. 15: cfr. LP 71; *la riserva*: creativa.     v. 18 *flottiglia*: gruppo di imbarcazioni. Cfr. E. Montale, *Poesie per Camillo Sbarbaro*, II, v. 5 (anche *Flussi*, v. 14).     v. 19 *S'infrascavano*: si calavano nel folto, si isolavano per dipingere, sparendo alla vista.     v. 20 *i tempi*: il passare del tempo e il cambiare dell'arte di fronte alla realtà.     v. 22 *superstite voyeur*: cioè un erede dei pittori appena citati, un artista rimasto legato a una sorpassata nozione dell'arte. Per *voyeur* cfr. IST 72: «Accetto che mi sia dia del voyeur, che non è ancora veggente ma non già più guardone». *scalpore*: cfr. *L'otto settembre*, v. 2; il sost. va inteso in senso acustico, è il rumore dell'infrascato che non vuol esser visto.     v. 23 *metastasi*: termine medico che indica l'insorgenza di un processo tumorale a distanza dal luogo colpito dalla malattia. Qui suggerisce l'idea che il poeta, equiparato ai pittori d'altri tempi, non sia che un ritardatario, e in quanto tale esponente di una concezione dell'arte prossima a morire.     v. 24 *uno che sforna copie*: cioè un passivo riproduttore — non un interprete — del reale. Cfr. W. C. Williams, *The desert music*, in V.S., *Il musicante di Saint-Merry*, cit., vv. 17-18: «sarebbe una vergogna / copiare la natura» (*La musica del deserto*).     v. 25 *turbolenze*: termine della fisica che indica i movimenti irregolari dei fluidi e dei gas.     v. 26 *Viene uno...*: il passo riecheggia T.S. Eliot, *Four Quartets*, IV, vv. 25 sgg. («I met one walking...») e gli incontri di Dante con Casella (*Purgatorio*, II) e Forese (*Purgatorio*, XXIII).     v. 30 *bagnarola*: lett. tinozza per il bagno; detto con affettuosa ironia da parte del fantasma di Elio Vittorini (v. 31), l'*amico* evocato nella I sezione (v. 17). Vittorini scomparve nel 1966. Si noti che tutto il dialogo risente dello stile del narratore «riapparso nel luogo da noi frequentato insieme un tempo» [*N.d.A.*].     v. 31 *riavvampo*: l'espressione suggerisce entusiasmo per l'inaspettato ritorno, ed è da legarsi all'immagine di

IV, v. 34.  v. 33 *bruegheliana*: da P. Brueghel, pittore fiammingo del '500; in riferimento al luogo cfr. V.S., *Il ritorno*, cit., p. 192: «che non si tratti di un paesaggio propriamente italico è la prima impressione di molti: belga-olandese, fiammingo — dice qualcuno».  v. 35 *fantesche*: domestiche.  v. 38 *rezzaglio*: tipo di pesca praticato lanciando la rete da terra o da un'imbarcazione.  v. 41 *Un conto...*: cfr. *Tra vacanza e lavoro*, cit., p. 6: «Un luogo frequentato così a lungo e vissuto in tutte le sue risorse evidenti e meno evidenti può rappresentare un conto continuamente aperto, come per uno scrittore un romanzo, per un pittore, mettiamo, un grande affresco».  v. 43: è qui descritto l'atto del dileguare tipico delle apparizioni spettrali degli *Strumenti*, di cui questa sezione è come un seguito.  v. 45 *irrisione*: anche questo tratto è proprio dei «fantasmi» che, in Sereni, affiorano dal passato: non pacificati, non portano conforto. L'insistenza di Vittorini, qui, nel domandare «tu che ci fai...?» (vv. 30, 39) richiama il tono inquisitorio dello spettro di *Un sogno* (cfr.).  v. 48 *dolce stagione*: cfr. *Inferno*, I, v. 43.

VI.  v. 2 *ràzza*: pesce dal corpo romboidale, di coda allungata, che si mimetizza con il fondo marino.  v. 5 *sconciata*: deturpata.  v. 12 *l'istinto*: affiora in questi versi la nostalgia per una conoscenza fondata sull'esperienza pratica, preclusa allo scriba; cfr. I, vv. 38-40.  vv. 14 sgg.: alla conoscenza pratica l'io oppone l'esperienza del tempo, cfr. IV, vv. 19-21.  v. 19 *aggallino*: vengano a galla, emergano nella memoria.  v. 20 *freddati nel nome*: è qui sottinteso un paragone tra il pescatore e la sua preda, e il poeta alle prese con la realtà: come il primo uccide la ràzza, il secondo non afferra la cosa ma solo un nome (cfr. IV, v. 31) — la vita è assente da entrambi.  v. 24 *catastrofe*: cfr. *Il muro*, vv. 25-26.  v. 25 *e non vedono...*: cfr. *Crescita*.  v. 26 *l'interlocutore*: cfr. I, v. 11.  v. 28 *incanutito*: invecchiato, con gioco di parole sull'espressione «onde canute» (biancheggianti). Cfr. E. Vittorini, *Nei morlacchi*: «erano tempi di mare canuto» (in *Opere narrative*, I, Milano 1974, p. 221).

VII.  v. 2 *deliberante*: quasi le strida dei gabbiani fossero di assemblea o riunione in cui si discute con animazione.  v. 4 *crocchio*: capannello, gruppo in conversazione.  v. 6 *conciliabolo*: discussione.  v. 8 *estraniato*: distante, non più confidente.  vv. 9-10: il distico, che riprende l'epigramma di Fortini citato in I, vv. 11-12, ribadisce quanto già asserito in

*Scoperta dell'odio* (cfr.). Si noti soprattutto il richiamo alla *co-noscenza* (cfr. I, vv. 38-39; VI, v. 12), che introduce il tema dei versi seguenti. vv. 11-13: *Un sasso / ... un fiore*: i due esempi vogliono spiegare l'affermazione precedente, collegandola allo spunto della sez. VI (vv. 10 sgg.): gli elementi del mondo naturale suggeriscono che la realtà non può essere compresa se non muovendo oltre la superficie «fenomenica». v. 14 *dirama in sé*: al suo interno, si articola in una struttura complessa come quella di una cattedrale. v. 15: sott. il verbo *dirama; paradiso* suggerisce armonia ed equilibrio. vv. 16-17: alla complessa e ordinata struttura interna della materia corrisponde, all'esterno, un universo dinamico e molteplice. L'*Himalaya* è il maggiore sistema montuoso del nostro pianeta, qui assunto a sinonimo di altezza vertiginosa e grandiosità. vv. 17 sgg.: il passo è di non facile interpretazione, in quanto il raccordo con quanto precede è ellittico, e altrettanto ambiguo il nesso sintattico tra gli elementi della frase. Risulta comunque dal contesto che il *progetto* del v. 21 situa la conoscenza soggettiva in un quadro più ampio, inserendola in una prospettiva di ordine storico che tocca anche l'opera del poeta (si noti che *disegno* riprende IV, v. 9) e l'arricchisce di futuro. L'epilogo intende dunque offrire un messaggio che oltrepassa l'orizzonte psicologico del poemetto (inteso come prodotto dello *scriba* che si esaurisce su un *nome*) e si proietta su quello di *Stella variabile* nel suo complesso (di cui *Un posto di vacanza* è il cuore): è un congedo ma anche un *envoi* al modo della lirica cortese, in cui avviene un trapasso dal piano metaforico a quello discorsivo, e il *sapere* (v. 25) tutto interiore e relativo del poeta cerca uno sfondo oltre la poesia. Importante tanto per *Un posto di vacanza* che per *Gli strumenti umani* la lettera di Sereni citata da G. Palli Baroni in «Letteratura italiana contemporanea», cit.: «Gli *strumenti* sono i mezzi, gli espedienti, avvertiti [...] precari o insufficienti, con cui noi — uomini, umanità — intratteniamo il rapporto col reale, storia inclusa. Il *Posto* è il terreno sul quale si misura tale rapporto e danno incerta prova, tentata e ritentata sempre, mai veramente soppressi, mai veramente decisivi, gli strumenti di cui sopra — e tra questi la memoria come l'amore, la bellezza naturale come la storia individuale, la poesia come tutte queste cose. Il finale del *Posto* è per metà una sconfessione di quegli strumenti e per metà un augurio. L'augurio che l'energia implicita all'uso di quegli strumenti venga assorbita nella singola persona e nei rapporti tra le persone, insomma in una umanità rinnovata — una volta per tutte sbarazzata di quegli strumenti». v. 21 *progetto*: per il significato del termine (e in generale di questa parte del poema) si veda quanto scrive Sereni parlando del lavoro dell'architetto, a proposito di De Carlo (*Tra vacanza e lavoro*, cit., p. 7): «È probabile (...) che un lavoro come quello, nel quale spicca il carattere del progetto, nulla abbia a che fare con l'arte o con quell'idea di essa che ci sembra di ieri; ma al tempo stesso sentiamo quel lavoro come *opera* nella pienezza non equivoca del termine, abbastanza perché essa si ponga come alternativa concreta a quanto di sfuggente, velleitario, opinabile ci pare di cogliere nel lavoro più nostro; e che dell'opera d'arte un lavoro così riproduca il movimento interno assorbendo via via quanto poi non apparirà nell'atto ultimo della rielaborazione e al quale avrà pure concorso per vie segrete: parlo dell'esperienza di cose, persone e fenomeni, degli stessi episodi emotivi, di un approfondimento di anni, di una coincidenza — nello sguardo sempre più attento e di anno in anno più acuto — tra paesaggio naturale e tempo storico (in cui ci fosse, magari illusoriamente, anche un po' della nostra storia)». Utili inoltre, anche per comprendere l'apparizione del fantasma di Vittorini nella sez. V, le osservazioni di Italo Calvino in *Vittorini* (Milano 1968, p. 11): «... qui tocchiamo il punto che è fondamentale d'ogni momento dell'operare di Vittorini: la letteratura che, nell'essere specificamente letteratura, è parte e modello e funzione d'un tutto non ancora realizzato ma pure visto come raggiungibile. Questo tutto può essere senz'altro detto una cultura (...) Ma ancora, al di là di questo progetto di cultura, è un modo di stare al mondo che è l'obiettivo finale, un rapporto con gli altri e con le cose. La progettazione cui Vittorini lavora e di cui la letteratura dovrebbe farsi segno e vettore, è progettazione *umana*. Essa avanza, insieme al momento negativo del rifiuto della situazione presente, l'affermazione di ciò che è valore (...) e l'assume a termine obbligatorio di confronto, la proietta ed estende». v. 24 *senza... orgoglio*: cfr. G. Leopardi, *La ginestra*, vv. 309-310: «...ma non eretto / con forsennato orgoglio...»; cfr. anche l'epigramma di F. Fortini citato in I, v. 12, e ripreso in questa sezione, che nei vv. 7-8 recita: «Lascia il giuoco stanco / e sanguinoso, di modestia e orgoglio» (vedi Antologia della critica, 1). v. 28 *tardi*: per il motivo del ritardo, vedi Lonardi, Introduzione. v. 31 *luci*: cfr. II, vv. 27, 29. v. 33: le due località menzionate si trovano nell'entroterra toscano di Bocca di Magra, la valle dell'antica *Portus Lunae*.

*Titolo*: La lirica è in morte di Niccolò Gallo, critico letterario e consulente editoriale, scomparso il 4 settembre 1971 (v. 1).     v. 2 *e con lui cortesia*: richiamo di un luogo classico della lirica alta: con la morte dell'amico o dell'amata scompare dal mondo anche la nobiltà d'animo; cfr. Dante, *Morte villana, di pietà nemica* (in *Vita Nuova,* VIII), F. Petrarca, *Spirto felice, che sì dolcemente,* (*R.V.F.,* CCCLII).     v. 3 *questa*: sott. volta.     v. 5 *stupefatto*: indica smarrimento e sospensione, scarto incredulo rispetto all'ordine del reale; cfr. *La ragazza d'Atene*, v. 17; *Sopra un'immagine sepolcrale*, v. 9; *In morte di Ungaretti*, ID 112; *Giovanna e i Beatles*, v. 6.     v. 7 *definitiva*: che reca la fine, ombra di morte sui viventi (*gli spettri chiari*, v. 5).     v. 7 *vago di vapori*: anticipa *pulviscolo* del v. 8 e *alone* del v. 18: nebbia, foschia.     v. 10 *era là*: sogg. sottinteso il fantasma dello scomparso, della cui morte il poeta ancora non sapeva.     v. 11 *raggiungerci*: cfr. *Un posto di vacanza*, IV, v. 34.     v. 12 *lo sbiancante diaframma*: la barriera che separa i vivi dai morti.     v. 13 *spiagge ulteriori*: l'immagine richiama *La spiaggia*, con allusione a *Eneide*, VI, v. 314 («ripae ulterioris amore»); cfr. Lonardi, Introduzione.     v. 16 *si svuota il mondo*: ripresa del tema proposto all'inizio.     vv. 16-17 *tu / falsovero*: la «persona» a cui i poeti si rivolgono nelle poesie è «falsa» in quanto istituzione letteraria, assenza come elemento retorico e codificato del discorso, senza diretto riferimento a un individuo reale; ma qui essa diventa vera perché con la morte dell'amico è la figura di un'assenza reale.     v. 18 *alone amaranto*: ripresa di *Un posto di vacanza*, IV, v. 33; ma tutta la lirica è da leggersi in stretto rapporto con il poemetto che la precede, di cui era inizialmente una parte.     v. 21 *in sospetto di settembre*: che presentono l'arrivo di settembre, la fine dell'estate.     v. 22: moto parallelo allo *svuotarsi* del mondo, il ritrarsi dei *nomi* (cfr. *Un posto di vacanza*, I, v. 23; VI, v. 20) indica il chiudersi della realtà all'immaginazione.     v. 23: per il motivo delle piante cfr. *Ancora sulla strada di Zenna*.     v. 26 *endiadi*: termine retorico che indica l'espressione di un unico concetto attraverso due parole; applicato alla *sfera del celeste* (cfr. *Un posto di vacanza*, I, v. 2) si riferisce alla fusione di cielo e mare nel colore azzurro.     v. 27 *Resta...*: per la chiusa cfr. *Anni dopo*; il verbo suggerisce permanenza e fedeltà.

[da *Traducevo Char*]
vi. *Notturno*                                                      *p. 177*

Insieme a quella che segue, la lirica fa parte della sezione IV di
*Stella variabile*, che reca il titolo *Traducevo Char*. Dei testi che
la compongono Sereni ha scritto che «sono momenti di vita, o
meglio recuperi (non esercizi, non studi) riferibili al tempo in
cui ero occupato da tale lavoro» (*Note* a *Stella variabile*); e pre-
sentando su rivista una versione da R. C.: «Leggo Char non
come affine ma come salutare antagonista» («Il bimestre», I, 5,
nov.- dic. 1969, p. 20). Di René Char Sereni ha tradotto testi
della raccolta *Feuillets d'Hypnos*, e *Retour amont*: cfr. Bibliografia, sez. 3. Numerose versioni da Char sono accolte in *Il musicante di Saint-Merry*. Importanti inoltre la prefazione a *Fogli
d'Ipnos*, e le Note del traduttore in appendice a *Ritorno sopramonte*.        v. 1 *Confabula*: parla di nascosto.        v. 2 *ineluttabile*: in senso tanto di «immancabile» che di «monotono»; riferito ad *a distesa* usato come indicazione musicale, che sottintende «canto».        v. 5 *espatria*: espelle, rende straniero.        v. 7 *rifiuto*: cfr. *Il piatto piange*, v. 31.


[da *Traducevo Char*]
vii. *Madrigale a Nefertiti*                                         *p. 178*

*Titolo*: Nefertiti è il nome di una regina egiziana vissuta nel xiv
secolo a.C., raffigurata in numerosi ritratti (il più famoso è
quello conservato a Berlino, noto a Sereni). Il nome significa
«la bellezza che è venuta»; e anche qui è a una figura femminile
che il poeta si riferisce, identificabile con la bellezza e con la
poesia (cfr. IST 77 sgg.).        v. 5 *quali acque...*: immagine idil-
lica; cfr. *Solo vera è l'estate*.        v. 8 *lo ribalta*: oggetto è quel
che il poeta dice a Nefertiti; il verbo vale «proietta a ritroso».        v. 12 *e di tutt'altro...*: cfr. IST 77: «Oggi vorrei parlar-
le della Bellezza. Non della sua, Nefertiti, tanto lo so che non
attacca. Potrei tutt'al più aspettarmi di veder lampeggiare dalla
penombra in cui vive il suo sorriso già abbastanza imprendi-
bile...».


PAURA PRIMA                                                         *p. 179*

v. 2 *il killer*: personificazione della morte, è l'agente non solo
della «paura» di cui parla il titolo, ma anche dell'autoaggressi-
vità dell'io: cfr. vv. 10-11.        v. 7 *fammi fuori*: anche questa
richiesta, come quella di *Interno*, è un «seguito» delle visioni

degli *Strumenti*. Il riproporsi di situazioni e paesaggi che nella raccolta del 1965 innescava un conflitto *salutare* (cfr. *A un compagno d'infanzia*), cioè fonte di conoscenza, in *Stella variabile* è avvertito ormai come *malattia*: così il motivo della morte, che in *Le sei del mattino* apriva una fase di rinnovamento dell'io, qui è sentito in chiave di chiusura e definitiva liquidazione del ciclo.

PAURA SECONDA                                      *p. 180*

*Titolo*: si collega alla poesia precedente e, per il tema, a *Quei tuoi pensieri di calamità*. Si ricordi inoltre che *Paura* è il titolo di una lirica degli *Strumenti umani* non compresa in quest'antologia.      v. 1: non ha nulla, nel tono, di spaventoso.      v. 5: cfr. *Arie* del '53-'55 (ID 44): «E poi nella notte tra il venerdì e il sabato santo, mi pare di sentire distintamente il mio nome pronunziato in tono normale dalla strada di sotto (...) non è durato molto ed è stato dolcissimo».      v. 6 *risveglio di vento*: è il titolo di una poesia di Rilke (trad. V. Errante: *Risveglio del vento*: vv. 1-2: «Nel colmo della notte, a volte, accade / che si risvegli, come un bimbo, il vento»). Si noti anche qui il riproporsi di una situazione già rappresentata: in *Non sa più nulla...* (analoga anche la figura metrico-sintattica: «è il vento, / il vento...»; «Vittorio, / Vittorio...»).      v. 11 *arma*: mentre *mi disarma* è in chiave con la *dolcezza* del v. 10, il secondo verbo fa riaffiorare le istanze ostili dell'io, il lato aggressivo della disperazione; cfr. il finale di *Paura prima* («Da solo / non ce la faccio a far giustizia di me»). Cfr. E. Paci, *Diario fenomenologico*, Milano 1961, p. 53: «Nel vento fresco che s'alza nella notte (...) si ravviva forse un filo di fiducia: che gli orrori della vita possano essere dimenticati, e i suoi problemi labirintici e tormentosi trasformati in valore, col passare del tempo (...) nel lento e irreversibile cammino verso la morte. Un sorriso ti consola, un moto di affetto ti raggiunge, anche se ignora la tua angoscia».

ALTRO POSTO DI LAVORO                             *p. 181*

*Titolo*: riprende il titolo della quarta poesia della I sezione di *Stella variabile*: *Posto di lavoro*.      v. 4 *qui*: nel posto di lavoro (la città, il luogo della ripetizione forzata: in rapporto di opposizione speculare con il «posto di vacanza»). *specimen*: lett. saggio, campione. Come si desume dal verso che segue, indica l'abbozzo, il riflesso superficiale e provvisorio dell'esistenza alienata.        v. 5 *imago*: il fantasma, latinismo. *perpetuantesi*: cfr. *Dall'Olanda* (*Amsterdam*); ma qui il verbo è in accezione negativa, nel senso della ripetizione.        v. 6 *a vuoto*: cfr. *Ancora sulla strada di Zenna*, v. 20.        v. 7 *ci contemplano*: rispecchiano la nostra immagine, e quindi ci moltiplicano e ci mostrano già come spettri di noi stessi.        v. 8 *capofitti*: immersi, ma anche rovesciati (nel riflesso, come in un miraggio).        v. 9 *postille*: propriamente, note aggiuntive; ma qui nel senso di *Paradiso,* III, v. 13: immagini riflesse.        v. 10 *quali saremo stati*: ripresa del tema del futuro possibile e mancato: cfr. IST 88: «Come se di lì, dal punto arretrato nascosto in noi stessi e riflesso a intermittenze nelle luci della città notturna, in questo o in quel senso o in quell'altro ancora qualcosa dovesse incominciare. Le cento nostre vite possibili ronzanti in questo alveare saltuario. Il futuro che mai è stato. I cento futuri del passato».

LA MALATTIA DELL'OLMO                                                    *p. 182*

*Titolo*: a partire dalla fine degli anni Venti l'olmo fu colpito da una grave infezione virale (detta «grafiosi»), che ha causato la morte di innumerevoli esemplari. Si tenga presente per la lettura di questa lirica l'importanza della vita vegetale nella poesia di Sereni: cfr. *Ancora sulla strada di Zenna* e *Dicono le ortensie,* (v. note).        v. 1 *Se ti importa*: se per te ha ancora un significato. Per il tema dell'estate cfr. *Un'altra estate* (v. note), *Solo vera è l'estate,* e *Un posto di vacanza*, di cui questa lirica condivide l'ambientazione.        v. 2 *squamarsi*: a causa della malattia.        v. 5 *a futura memoria*: espressione del linguaggio giuridico, qui usata alludendo alla prossima morte dell'olmo (e dunque di chi parla). Ma la memoria è il tema stesso di questa lirica.        vv. 9-10 *avventuratosi*: cfr. *Un'altra estate. si sfogli*: rimanda all'aprirsi delle ali, donde il *lampo di candore.*        v. 11 *stella variabile*: è il titolo della raccolta di cui fa parte la lirica (come *Gli strumenti umani* deriva da un verso di *Ancora sulla strada di Zenna*). Nelle intenzioni di Sereni una nuova edizione del libro avrebbe dovuto riportare in epigrafe il seguente brano (da F. Flora, *Astronomia nautica*, Milano 1964): «Gran parte delle stelle non hanno splendore costante, ma variabile periodicamente: cioè non conservano sempre la stessa grandezza visuale apparente, ma in un periodo regolare, che va da qualche giorno a oltre un anno, la loro grandezza assume valori diversi: tali stelle sono dette variabili». Qui la stella è figura del rapporto incostante e lampeggiante tra vissuto e poesia, ripetizione e aspirazione alla gioia e al rinnovamento.        v. 12 *fon-*

*de*: cfr. E. Montale, *Barche sulla Marna*, v. 20.     v. 16 *un atomo ronzante*: dallo stimolo visivo (le *luci* del v. 14) scocca il ricordo.     v. 19 *Vienmi vicino*: cfr. *Anni dopo*, v. 11; *Niccolò*, v. 27.     v. 20 *voltandomi*: cfr. *La spiaggia*, v. 8 (ma qui segue una risposta).     vv. 29-30: l'immagine è ripresa da R. Char, *Fogli d'Ipnos* (n. 39): «L'aculeo non rinuncia al suo bruciore» (trad. Sereni).     vv. 30-31: il movimento finale della lirica (compresa nell'ultima parte di IST, cfr.) replica quello della chiusa di *Un posto di vacanza*, in linea con il senso di congedo (dalla vita, dalla poesia) a cui è intonato il testo.

AUTOSTRADA DELLA CISA                                    *p. 184*

*Titolo*: l'autostrada della Cisa collega la Pianura padana con la costa tirrenica, unendo il «posto di lavoro» di Sereni, Milano, con il «posto di vacanza», Bocca di Magra. Qui essa si presuppone percorsa nel tratto La Spezia-Parma «in direzione della pianura padana» [*N.d.A.*]: quindi lasciandosi dietro mare e vacanza, poesia e futuro. Sia per la riproposta del tema del ritorno, sia per il riferimento alla figura paterna, la lirica può leggersi in rapporto con l'ultima sezione degli *Strumenti* con l'avvertenza che qui l'incontro viene mancato e la visione della città (v. 20) introduce a un tempo mitico, posto «oltre il paesaggio» (ID 147) e fuori dal soggetto.     vv. 1-2: il passo è ellittico (cfr. l'*incipit* di *Di passaggio*); parafrasando con Fortini: «non avrò neanche dieci anni di vita». Sempre Fortini osserva: «con la morte del figlio il padre rimuore» (v. 2).     v. 3 *calato giù*: cfr. E. Montale, *L'arca*, v. 9 (in *La bufera*).     v. 4 *un banco di nebbia*: l'espressione neutra (da referto meteorologico) indica il frammettersi di un'ostacolo (una distanza) tra la figura del padre e l'io; cfr. *Niccolò*, v. 7.     v. 5 *passo*: il valico della Cisa.     v. 6 *erinni*: le Erinni sono divinità della mitologia greca antica, ministre del mondo sotterraneo e vendicatrici delle violazioni della morale: qui indicano di «una di quelle contadine che dai margini dell'autostrada protendono strani vessilli per vendere prodotti della campagna» (Fortini). La citazione è in minuscolo, come in Leopardi, *Aspasia*, v. 10 e *Ultimo canto di Saffo*, v. 5; ma oltre che in Montale (*Il ritorno*, v. 21) le Erinni appaiono nel Canto x dell'*Inferno* e soprattutto nel vi dell'*Eneide*, dov'è anche la Sibilla (qui al v. 26) ed è narrato l'incontro tra Enea e il padre Anchise, incontro di cui è ricordo ai vv. 22-23.     v. 11 *quell'altra vita*: è «speranza d'una durata ciclica» (Fortini), da non intendersi dunque nell'accezione cristiana. v. 12 *di costa in costa*: versante dopo versante. Cfr. F. Petrarca, *R.V.F.*, cxxix, v. 1: «Di pensier in pensier, di monte in monte». Presuppone l'avvicinarsi al valico in auto (cfr. *Ancora sulla strada di Zenna*, v. 8). v. 14 *recidiva*: aggettivo che appartiene al gergo legale, ma anche medico (cfr. *La malattia dell'olmo*) e significa «risorgente». Come dicesse: incorreggibile, irragionevolmente ostinata nel riproporsi (e nella sua stessa sopravvivenza). v. 15 *un'anguria*: «forse uno dei frutti acquistati da una delle Erinni contadine» (Fortini). v. 16 *quegli alberi*: cfr. *Targhe per posteggio auto in un cortile aziendale*, ID 114: «come si spiega che ogni ripresa di discorso con l'esistenza, ritorno di vitalità o di fiducia, promessa intermittente che per un attimo si fa visibile e palpabile, elegga preferibilmente un albero a proprio simbolo o metafora?». v. 17 *ninfa*: «seconda evocazione classica e quindi anticristiana; gli alberi riprodotti dalle proprie Driadi» (Fortini); cfr. G. Carducci, *Davanti San Guido*, v. 59. In connessione con il verbo «perpetuare» (cfr. *Amsterdam*, v. 21, *Altro posto di lavoro*, v. 5) è eco di Mallarmé, *L'après-midi d'un faune*, v. 1: «Ces nymphes, je le veux perpetuer». La criptocitazione è a sfondo erotico-vitalistico, in linea con l'*anguria* del v. 15. v. 18 *raggera*: la pianura padana. *echi*: della memoria. *miraggi*: cfr. *Un posto di vacanza*, V, v. 5 (vedi nota). v. 20 *Tenochtitlán*: nome precolombiano di Città del Messico: «A suo tempo allietata da un lago, era la capitale del regno azteco prima della conquista spagnola: città felice nel ricordo, come sempre dopo la catastrofe» [*N.d.A.*]. Cfr. *Un posto di vacanza*, III, vv. 7-8. v. 22 sgg.: «Quasi conclusione di un sillogismo, l'ascolto della speranza si tramuta in gesto che cerca una realtà corporea ma (altro ricordo classico) trova solo il fantasma» (Fortini). Il richiamo è al già citato canto vi dell'*Eneide* (cfr. *Purgatorio*, ii, vv. 79-81; e cfr. V. Woolf, *To the Lighthouse*, parte ii). v. 25 *frastuono delle volte*: allude alle gallerie dell'autostrada, in chiave con il contesto evocato dalla Sibilla: che risiede in una «spelonca immane» (Caro) dalle cui cento porte rimbomba la voce. v. 26 *la sibilla*: «Seconda voce (e terzo personaggio dell'universo classico) la Sibilla, quella di cui scrive Petronio nel *Satyricon* e che, miniaturizzata in una fiala, risponde (in greco) ”voglio morire” a chi la interroga; qui anche citazione di Eliot che le parole della Sibilla poneva nel 1922 a epigrafe di *The Waste Land*» (Fortini), cfr. v. 27. v. 31 *il colore del vuoto*: il sapere della Sibilla, come si conviene, è formulato in maniera enigmatica, e sembra imitare certi paradossi della didattica «zen». Ma il passo si riallaccia a *Un posto di vacanza*, IV: *vuoto* e *colore* ripropongono i termini che nel poemetto si condensavano in *amaranto* (vv. 12, 30). Lasciato alle spalle il mare, qui non resta che un colore senza colore, il segno di qualcosa che non c'è ma pure in esso continua ad alludere ad altro. L'incontro con il padre è mancato, i morti non parlano: siamo dunque lontani dall'orizzonte di *Il muro* o di *La spiaggia*. Ma la domanda della Sibilla è anche un invito ad abbandonare le abbaglianti visioni della poesia, la cui *forza* si va ormai spegnendo.

RIMBAUD *p. 186*

Per questa lirica si tenga presente la nota al testo di Sereni, che qui si riporta per esteso: «RIMBAUD: chiunque abbia visitato il tempio di Luxor avrà potuto notare tale scritta. Non esistono, che io sappia, prove o documenti circa il passaggio in quel luogo dell'"homme aux semelles de vent", del resto improbabile autore della scritta medesima. *Mastaba* è il nome odierno di antiche sepolture egizie in pietra a tronco di piramide». Inoltre cfr. *Quella scritta di Luxor* (ID 141-142) dove si legge: «Mi trovavo con alcuni compagni di viaggio (...) nel tempio di Luxor (...). Ecco che mi si avvicina uno della comitiva e mi dice: indovini che cosa sta scritto su quel muro là dietro. Dico a caso: Baudelaire. No, fa quello, ma ci è andato vicino. Venga a vedere. Vado e mi trovo davanti a quest'altro nome, inciso nitidamente, accuratamente, nel muro, in stampatello, poco più che ad altezza d'uomo: RIMBAUD (...). La suggestione esercitata da quella scritta mi ha accompagnato per il resto del viaggio: un'ombra ostinata da cui mi sentivo seguito, o preceduto. Tornavo a Saqqara dalle parti del Cairo, dove ci sono le decrepite *mastabe*, più antiche delle piramidi, abbozzi delle piramidi a tutti note: cadenti in un misto di pietre e sabbia, quasi informi, sul punto di disfarsi. Guizzò via nell'ora del tramonto, dall'una all'altra rovina, un essere caudato, s'imbucò. Spaventato, oppure schivo della nostra presenza? O piuttosto estraneo a questa, vivo in tutt'altra sfera?».    v. 1 *la fitta*: l'emozione, provata in quanto il nome di Rimbaud riassume in sé l'idea stessa della poesia.    v. 5: la stessa definizione (di Paul Verlaine) è in conclusione a *Un omaggio a Rimbaud* (ID 50).

*Titolo*: «nel secolo scorso Luvino era il nome di Luino, mio paese natale» [*N.d.A.*].        v. 1 *svolta del vento*: cfr. *Ancora sulla strada di Zenna*, vv. 10-11; *La repubblica*, vv. 1-2 (non compresa in questa antologia).        v. 4 *sierra*: contrafforte montuoso, genericamente per «catena di montagne»; qui quelle piemontesi visibili da Luino.        v. 7: anche qui, come altrove, volto e paesaggio coincidono e si rispecchiano.        v. 9 *epoche lupesche*: forse con ricordo dell'espressione «tempo da lupi», rimanda a un'età indefinita del passato, di natura non ancora domata, selvaggia; o con allusione a una supposta etimologia *Luvinus* < *Lupinus*.        v. 13 *muta*: in chiave con *lupesche*, è termine inerente alla caccia che sta per «gruppo», «assembramento».        v. 15 *nomi*: cfr. *A un compagno d'infanzia* (v. note).        v. 17 *radice*: nell'accezione propriamente linguistica, elemento di base comune ai rappresentanti di una famiglia di parole; ma in senso esteso, applicato alla sostanza fonica dei *nomi*.        v. 18: sono tutte località delle valli che si affacciano sul Lago Maggiore.


ALTRO COMPLEANNO                                    *p. 188*

v. 1 *A fine luglio*: Sereni era nato il 27 di questo mese. Cfr. *Compleanno*, in *Frontiera*.        v. 3 *fornici*: archi, volte (dello stadio). Cfr. M. Luzi, *Vista* (in *Un brindisi*) v. 1.        v. 2 *San Siro*: quartiere di Milano che ospita lo stadio omonimo (recentemente intitolato a Giuseppe Meazza), in cui Sereni abitò dal 1967.        v. 6: cfr. *Il fantasma nerazzurro* (ID 93): «il quadro non sarebbe completo se tralasciassi l'istantaneità con cui tutta questa febbre [si riferisce all'eccitazione dei tifosi alla partita di calcio (*N.d.C.*)] si spegne per far posto a un senso amaro di vacuità e quasi di rimorso non appena le gradinate si svuotano e l'enorme catino ormai silenzioso è l'immagine stessa dello sperpero del tempo»; cfr. *Domenica sportiva*.        v. 9 *soglia*: quella rappresentata dal compleanno. Il sost. evoca l'ingresso in una fase nuova e forse diversa; cfr. *Compleanno*, v. 20: «altro evo mi spieghi...».

# SOMMARIO

Il numero tra parentesi si riferisce alla pagina del Commento

5   Introduzione di *Gilberto Lonardi*
27  Notizia biografica
29  Antologia della critica
39  Bibliografia
45  Avvertenza al testo e alle note

ANTOLOGIA

1. da *Frontiera*:

49  Domenica sportiva (191)
50  Compleanno (192)
51  A M. L. sorvolando in rapido la sua città (192)
52  Diana (193)
54  3 Dicembre (194)
55  Piazza (194)
56  Inverno a Luino (194)
58  Terrazza (195)
59  Strada di Zenna (195)
61  Un'altra estate (195)
62  Strada di Creva (197)
64  *Dicono le ortensie:* (198)
65  *Sul tavolo tondo di sasso* (199)
66  *Ecco le voci cadono e gli amici* (199)

2. da *Diario d'Algeria*:

69   Città di notte (199)
70   Belgrado (200)
71   Italiano in Grecia (201)
72   Dimitrios (201)
73   La ragazza d'Atene (202)
76   *Lassù dove di torre* (203)
77   *Un improvviso vuoto del cuore* (204)
78   *Rinascono la valentia* (204)
79   *Non sa più nulla, è alto sulle ali* (205)
80   *Ahimè come ritorna* (206)
81   *Non sanno d'essere morti* (206)
82   *Solo vera è l'estate e questa sua* (207)
83   *E ancora in sogno d'una tenda s'agita* (208)
84   *Spesso per viottoli tortuosi* (208)
85   *Troppo il tempo ha tardato* (209)
87   *Se la febbre di te più non mi porta* (209)
88   *Nel bicchiere di frodo* (210)
89   Algeria (210)
90   Frammenti di una sconfitta (210)
93   L'otto Settembre (212)

3. da *Gli strumenti umani*:

97    Via Scarlatti (213)
98    Un ritorno (214)
99    Nella neve (214)
100   L'equivoco (215)
101   Ancora sulla strada di Zenna (216)
103   Gli squali (217)
104   Mille Miglia (218)
105   Anni dopo (218)
106   Le sei del mattino (219)

107 Una visita in fabbrica (220)
112 Il grande amico (221)
113 Scoperta dell'odio (223)
114 Quei bambini che giocano (224)
115 Saba (225)
116 Di passaggio (225)
117 Gli amici (225)
118 Appuntamento a ora insolita (226)
120 Nel sonno (228)
125 I versi (231)
126 Il male d'Africa (232)
130 Un sogno (233)
131 Ancora sulla strada di Creva (234)
133 Intervista a un suicida (236)
136 Il piatto piange (239)
138 Sopra un'immagine sepolcrale (240)
139 A un compagno d'infanzia (241)
141 Dall'Olanda (Amsterdam) (242)
143 Nel vero anno zero (243)
144 Il muro (243)
146 Pantomima terrestre (245)
149 La spiaggia (248)

4. da *Stella variabile*:

153 Quei tuoi pensieri di calamità (249)
154 Addio Lugano bella (250)
156 Interno (251)
157 Crescita (251)
158 Di taglio e cucito (251)
159 Sarà la noia (252)
160 Giovanna e i Beatles (252)
161 Ogni volta che quasi (253)
162 Un posto di vacanza (253)

175  Niccolò (265)

.    *Traducevo Char*

177      VI. *Notturno* (266)

178      VII. *Madrigale a Nefertiti* (266)

179  Paura prima (266)

180  Paura seconda (267)

181  Altro posto di lavoro (267)

182  La malattia dell'olmo (268)

184  Autostrada della Cisa (269)

186  Rimbaud (271)

187  Luino-Luvino (272)

188  Altro compleanno (272)

189  Commento

BUR

Periodico settimanale: 9 giugno 2004

Direttore responsabile: Rosaria Carpinelli

Registr. Trib. di Milano n. 68 del 1°-3-74

Spedizione in abbonamento postale TR edit.

Aut. N. 51804 del 30-7-46 della Direzione PP.TT. di Milano

Finito di stampare nel maggio 2004 presso

Legatoria del Sud - via Cancelliera, 40 - Ariccia RM

Printed in Italy

ISBN 88-17-00215-1